Beck'sche Reihe
BsR 1014

Die jüngsten Gewalttaten von Rechtsextremisten und Neonazis zeigen: Es ist höchste Zeit, auch die rechtsextreme Presse genauer unter die Lupe zu nehmen und Roß und Reiter zu nennen. Von den mehr als 130 existierenden Periodika werden hier fünfzig beschrieben und analysiert. Die Autoren bilden trotz unterschiedlicher Partei- und Gruppenzugehörigkeit ein Netzwerk in der Absicht, in Deutschland wieder ein „politisches Klima im nationalistischen Sinne" zu schaffen. Die Gesamtauflage der hier behandelten Presseorgane geht in die Millionen.

Astrid Lange ist Mitarbeiterin der Arbeitsstelle Neonazismus der Fachhochschule Düsseldorf.

ASTRID LANGE

Was die Rechten lesen

Fünfzig rechtsextreme Zeitschriften
Ziele, Inhalte, Taktik

Herausgegeben von der
Arbeitsstelle Neonazismus der Fachhochschule Düsseldorf

VERLAG C.H.BECK MÜNCHEN

Die Deutsche Bibliothek – CIP-Einheitsaufnahme

Lange, Astrid:
Was die Rechten lesen : fünfzig rechtsextreme Zeitschriften ;
Ziele, Inhalte, Taktik / Astrid Lange. Hrsg. von der
Arbeitsstelle Neonazismus der Fachhochschule Düsseldorf.
– Orig.-Ausg. – München : Beck, 1993
   (Beck'sche Reihe ; 1014)
   ISBN 3 406 37404 2
NE: GT

Originalausgabe
ISBN 3 406 37404 2

Umschlagentwurf: Uwe Göbel, München
© C.H.Beck'sche Verlagsbuchhandlung (Oscar Beck), München 1993
Gesamtherstellung: C.H.Beck'sche Buchdruckerei, Nördlingen
Gedruckt auf säurefreiem, aus chlorfrei gebleichtem
Zellstoff hergestelltem Papier
Printed in Germany

Inhalt

Vorwort

Rechtsextremismus ist in der Bundesrepublik Deutschland keine vorübergehende Randerscheinung. Er äußert sich auch nicht „nur" in gewalttätigen Handlungen jugendlicher Aktivisten, sondern ebenso im gesprochenen und geschriebenen Wort der im weißen Kragen auftretenden Propagandisten. Ihre Parolen und Aufrufe, ihre Reden und scheinwissenschaftlichen Abhandlungen machen deutlich, daß Gewalt in der rechten Bewegung programmatisch ist.

Die in wenigen Jahren erheblich angewachsene Publikationstätigkeit der Rechtsextremisten war Anlaß für die Arbeitsstelle Neonazismus, die wichtigsten der Journale genauer zu analysieren, damit allen Demokraten deutlich wird, worum es hier geht.

Unser Dank für finanzielle Unterstützung dieses Forschungsprojektes gilt dem Land Nordrhein-Westfalen, der Fachhochschule Düsseldorf und der Bundesanstalt für Arbeit.

Arbeitsstelle Neonazismus   Prof. Christiane Rajewsky
der Fachhochschule Düsseldorf

I. Zeitungen und Zeitschriften der rechtsextremistischen Szene

1. Umfang und Form rechtsextremer Druckerzeugnisse

Anzahl und Verbreitungsgrad rechtsextremer Publikationen werden meist unterschätzt. Wissenschaftliche Institute zählen mehr als 130 regelmäßig erscheinende rechtsextreme Zeitschriften und Zeitungen;[1] in den Verfassungsschutzberichten der letzten vier Jahre wurden zwischen 71 und 96 rechtsextreme Periodika mit einer Auflage von rund 9 Millionen Exemplaren explizit als verfassungsfeindlich eingestuft. Nicht eingerechnet sind hierbei unregelmäßig erscheinende Broschüren, Jugend- und Schülerzeitungen, Fan-Zines[2] oder Groschenromane im Stile der Landserhefte. Hinzu kommt der nur noch schwer überschaubare rechtsextreme Büchermarkt, durch den sich mehr als 30 deutsche Verlage und Versandbuchhandlungen[3] mehr oder weniger finanzieren. Damit sind die Möglichkeiten, rechtsextreme Botschaften zu transportieren, noch nicht erschöpft. 1991 brachte die *Nationalistische Front* allein 400000 Flugblätter gegen die „Auschwitz-Lüge" in Umlauf;[4] in lokalen Anzeigenblättern, die kostenlos an Haushalte verteilt werden, können Rechtsextreme verbreiten, „daß es keinen Plan gab, der die Vernichtung der Juden zum Ziel hatte".[5] Einschlägige Hör- und Video-Cassetten (auch die indizierte Schrift „Die Auschwitz-Lüge" gibt es jetzt auf Video), Filme, Schallplatten (mit Hitler-Reden etwa), Comics, Computerspiele, Aufkleber, Liederhefte, Zeitungstexte über BTX oder Konzerte von Skin-Bands füllen andere Nischen. Rechtsextremes Gedankengut ist derzeit jedem – Männern, Frauen, Jugendlichen und auch Kindern zugänglich: 1990 gaben in Fulda 77% aller SchülerInnen, denen ein Computer zur Verfügung stand, bei einer Umfrage an, gewaltverherrlichende Computerspiele wie „KZ-Manager" und „Hitler-Imperator" zu kennen.[6]

Eltern, LehrerInnen und SozialarbeiterInnen bzw. Institutionen der schulischen und außerschulischen Bildung werden zunehmend mit rechtsextremen Texten konfrontiert. Sei es, daß Jugendliche Zeitungen, Bücher oder Computerspiele in die Haushalte, Schulen und Jugendeinrichtungen bringen, sei es, daß den Schülervertretungen von einschlägigen Verlagen unaufgefordert ein „Ersatz" für die „falschen" Geschichtsbücher zugestellt wird oder Mitglieder rechter Gruppierungen vor Schulen und Jugendhäusern Materialien verteilen. Meist fehlen Möglichkeiten, sich über den politischen Standort, die Ziele und den weltanschaulichen Hintergrund der Herausgeber rasch zu informieren – ein Mangel, der auch Politikern und Journalisten, die immer häufiger um Beiträge in rechten Publikationen gebeten werden, zu schaffen macht.

Zwei sich ergänzende Charakteristika durchziehen die gesamte rechtsextreme Publizistik. Nirgendwo ist eine Spur von Selbstzweifel zu finden; Rechtsextreme glauben, „im Besitz" *der Wahrheit* zu sein. Ihre Urteile, Normen und Werte sind schon immer und auch für alle Zukunft gültig. Folgerichtig gehört die Frage – von rhetorischen Einlagen einmal abgesehen – nicht zum Repertoire rechtsextremer Äußerungsformen. Sich auf die Vielfalt möglicher Interpretationen wirklich einzulassen, die eigene gar kritisch zu beleuchten, setzt voraus, die Relativität der Weltsichten akzeptieren zu können. Rechtsextreme leugnen Mehrdeutigkeiten; es gibt für sie nur eine, und zwar schicksalhaft vorgegebene Ordnung der Welt. Damit nicht genug. Jede Abweichung von der eigenen Weltanschauung werten Rechtsextremisten als Zeichen moralischer oder sozialer Minderwertigkeit, die mit allen Mitteln auszuschalten ist. Daß Andersdenkende zum *Feind* werden, ist die Kehrseite des absoluten *Wahrheitsanspruchs*.

Mit ihren simplen Slogans gelingt es rechten Gruppierungen offenbar zunehmend, Jugendliche und junge Erwachsene anzusprechen und Bedürfnisse nach Gemeinschaft, Identifikation und Anerkennung zu befriedigen. Die geringe Aufmerksamkeit und Gegenwehr, die solche Okkupationsversuche bislang finden, zeugen weniger von Gelassenheit als von unterentwickeltem Problembewußtsein. Die hierzulande in Krisenzeiten zu beobachtenden Erfolge der Rechten gründen weder in deren Sachkompetenz noch sind sie allein mit den faktischen Versäumnissen der Politik (etwa in der Wohnungspolitik) zu erklären oder nur auf die Unzufriedenheit der Menschen zurückzuführen. Sie sind auch das Produkt eines „Klimas", an dessen Herstellung die Rechte seit mehr als 40 Jahren mit ihren Druckerzeugnissen eifrig arbeitet.[7] Unterstützt werden sie dabei gegenwärtig von etablierten Parteien, die sich auf den Wählerfang am rechten Rand konzentrieren, anstatt ihm durch geeignete Maßnahmen den Boden zu entziehen. Zu den größten Gefahren zählen derzeit Legalisierungs- und Normalisierungstendenzen wie das Vorrücken rechtsextremer Parteien in die Parlamente. Wie sollen Jugendliche lernen zu differenzieren, wenn Erwachsene nichtdemokratischen Parteien ihre Stimme geben?

2. Der Stellenwert rechtsextremer Zeitungen und Zeitschriften

Dieses Buch informiert über *einen* Sektor der rechten Textproduktion. Es stellt in Einzelbesprechungen fünfzig rechtsextreme Periodika vor, die sich an Erwachsene wenden. Die Besprechungen konzentrieren sich dabei jeweils auf den Inhalt der Zeitungen, auf die ideologischen Grundlagen zentraler Aussagen, auf Ziele, Adressaten und Vernetzungen. Soweit bekannt, werden Partei- oder Gruppenzugehörigkeit bei der Erstnennung eines Autors kurz erwähnt. Hinweise zu gruppenübergreifenden Aktivitäten und Querverbindungen finden sich schwerpunktmäßig im Textteil „Die Autoren...".

Bei den Periodika handelt es sich in der Regel um Organe von Parteien, Aktionsbündnissen oder sonstigen Zusammenschlüssen, die die Schriften zur Verbreitung ihrer Ideen nutzen. Ferner werden dort politische Ereignisse kommentiert, Parteitage, Tagungen, Aktionen, Termine und neue Bücher oder Zeitschriften angekündigt, und es wird um Mitglieder und Spenden geworben. Die Zeitschriften sind in bezug auf Thematik, Wortwahl und Argumentationsmuster auf den Anspruch ihrer jeweiligen Adressaten abgestimmt. Daher unterscheiden sie sich in formaler Hinsicht erheblich voneinander.

Periodika militanter Organisationen oder von *Hilfsgemeinschaften* der *Ewiggestrigen* richten sich vorwiegend an ihre Mitglieder; die Festigung des Gruppenzusammenhalts und die psychische Stabilisierung des Einzelnen steht im Vordergrund. Wichtig ist hier die ständige Erneuerung des Bekenntnisses zur nationalsozialistischen Weltanschauung. Die sogenannte *Neue Rechte* distanziert sich[8] in ihren Organen dagegen vom Nationalsozialismus, um ihr subkulturelles Dasein beenden und Terrain in der Mehrheitsgesellschaft gewinnen zu können. Das Ziel ist die Erringung der kulturellen Hegemonie, das Mittel die sogenannte *Metapolitik*, d.h. die bewußte Einflußnahme auf politiksteuernde Grundüberzeugungen. Das geschieht nicht zuletzt durch die Verbreitung und Anheizung spezifischer Diskussionen. Deutschlands Rechte errang mit dieser Strategie einige Etappensiege, die u.a. an der (unbedachten?) Übernahme des einschlägigen Vokabulars durch die Medien, aber auch durch Repräsentanten demokratisch legitimierter Parteien abzulesen sind; Stoibers markante Formulierung „durchraßte Gesellschaft" ist da nur eines der vielen Beispiele.

Trotz der verwirrenden Vielfalt von rechten Gruppierungen und der Unterschiede zwischen ihnen gibt es zahlreiche Querverbindungen; die organisatorische, ideologische und personelle Vernetzung ihrer *Presseorgane* läßt sich an vielen Beispielen belegen. Mitarbeiter mehrerer Zeitungen organisieren gemeinsam Kongresse, werben für die Druckerzeugnisse der Kameraden, und natürlich gibt es den steten Versuch, die Rechte zu einen. Auf die ideologischen Gemeinsamkeiten verweisen übereinstimmende Theoreme, Themen, Begrifflichkeiten und Argumentationsmuster oder dieselben historischen Bezüge und Gewährsmänner. Für die personelle Vernetzung spricht, daß die meisten Autoren für mehrere, vom Niveau und Adressatenkreis her gesehen stark differierende Zeitschriften schreiben. Einige der Herausgeber und Redakteure sind Mitgesellschafter anderer Zeitschriften oder Versandbuchhandlungen. Andere geben gleich zwei Blätter heraus und sind in verschiedenen Aktionsbündnissen aktiv.

Wechsel und Neuformierungen der Zusammenschlüsse galten lange Zeit als Indiz für die Zersplitterung des rechten Lagers und dies wiederum als Zeichen der Schwäche – ein Irrtum, wie sich mittlerweile herausgestellt hat. Es verhält sich vielmehr umgekehrt; dadurch, daß auffällig gewordene Organisationen aus dem Blickfeld verschwanden, konnten erfahrene Aktivisten ihre Tätigkeit anderswo ungehindert fortführen. Und die Herausbildung verschiedener Richtungen ermöglichte es, rechtes Gedankengut über den traditionellen Abnehmerkreis hinaus zu verbreiten.

Den Periodika kommt eine zentrale Bedeutung zu. Faktisch ersetzen sie die Großpartei. Sie fungieren als organisatorische Klammer, als Koordinations- und Betreuungsinstanz. Sie gewährleisten einen regelmäßigen und dauerhaften Informationsfluß. Einzelne Periodika erscheinen seit 40 Jahren und erreichen in den Familien schon die dritte Generation. Über Periodika werden Zusammenkünfte verschiedener Gruppierungen und gemeinsame Aktivitäten organisiert. Darüber hinaus *schulen* Periodika ihre Leser. In allen Blättern werden historische Vorbilder und deren Ideen, gängige bzw. für die Gruppierung charakteristische Themen behandelt.

3. Kriterien für die Auswahl

Die hier aufgenommenen und besprochenen Zeitschriften/Zeitungen werden oder wurden – von wenigen Ausnahmen abgesehen – vom Verfassungsschutz als verfassungsfeindlich eingestuft. Als verfassungsfeindlich gelten Bestrebungen, die unter anderem darauf zielen,
– die Volkssouveränität
– die Gewaltenteilung
– die Unabhängigkeit der Gerichte

– das Mehrparteienprinzip
– die Chancengleichheit für alle politischen Parteien
– das Recht auf Bildung und Ausübung einer Opposition,[9]
also Bürgerrechte und demokratisch legitimierte Organe abzuschaffen.

In den jährlich herausgegebenen Verfassungsschutzberichten wird jeweils nur ein Teil der Publikationen namentlich hervorgehoben. Als „erwähnenswert" gelten beispielsweise im 1988er-Bericht von den als verfassungsfeindlich eingestuften 96 Periodika 27 Schriften; es müssen also mehrere Jahrgänge eingesehen werden, um einen Überblick zu erhalten. Für diese Arbeit wurden die Verfassungsschutzberichte von 1982 an berücksichtigt.

Zuweilen hält der Verfassungsschutz mit der Geschwindigkeit der Veränderungen in der rechtsextremen Presselandschaft nicht schritt – etwa wenn er Vorläufer benennt, Nachfolgeschriften aber erst mit erheblicher Verzögerung berücksichtigt. Ein Beispiel dafür ist das gerichtsbekannte Blatt RECHT UND WAHRHEIT (RuW), das zuvor DER BISMARCK-DEUTSCHE hieß. Spuren durch Fusionen, Umbenennungen oder Neugründungen zu verwischen, ist eine vielgeübte Taktik rechter Zeitungsmacher. Recherchen über den Verfassungsschutzbericht hinaus sind daher unerläßlich. Durch die Auswertung rechtsextremer Zeitschriften, die in der Regel für die Druckerzeugnisse nahestehender Gruppierungen werben, komplettiert sich das Bild nach dem Schneeballsystem. So druckt DER SCHULUNGSBRIEF, der seit längerem im Verfassungsschutzbericht genannt wird, einige Seiten aus der Zeitschrift DER SCHEINWERFER ab. Dieses Blatt wurde bis zum Berichtszeitraum 1990 nicht namentlich „erwähnt", obwohl dort neben NS-Apologie oder der Werbung für den Euthanasiegedanken auch eine perfide antisemitische Hetze verbreitet wird; das Blatt wird deshalb hier besprochen. Im SCHEINWERFER wiederum finden sich Hinweise auf andere Blätter – und so fort.

In anderen Fällen orientiert sich der Verfassungsschutz an Neuerungen einer Zeitschrift und erwähnt sie nicht mehr. Das kann der Wegfall von kompromittierenden Veranstaltungshinweisen bzw. Werbeanzeigen sein oder die Erweiterung des Diskussionsspektrums. Ein Nebeneinander von konservativen Positionen und rechtslastigen Beiträgen und ein Verzicht auf Werbung – Hinweise finden sich jetzt unter der Rubrik „Leserbriefe" – läßt sich beispielsweise in der Zeitschrift MUT ausmachen, die zumindest dann, wenn sie bekannten Extremisten wie *Wolfgang Strauss* oder dem Nazi-Journalisten *Walter Becher* das Wort erteilt, rechtsextreme Botschaften zuläßt – und somit ebenfalls hier aufgenommen ist.

Die Besprechungen beziehen sich mit Ausnahme zweier Zeitschriften auf bundesrepublikanische Publikationen. Die österreichischen AFP-INFORMATIONEN wurden deshalb berücksichtigt, weil es ein deutsches Vertriebsbüro gibt und der größte Teil der Autoren Bürger der Bundesrepublik Deutschland sind. Die zweite Ausnahme: die englischsprachige Zeitschrift THE SCORPION. Sie wird in Deutschland gedruckt und vertrieben. Darüber hinaus publiziert der Herausgeber, *Michael Walker*, in mehreren deutschen neurechten Periodika und unterhält zu deutschen Gruppierungen enge Kontakte.

Erwähnt sei noch, daß nicht alle namentlich bekannt gewordenen Publikationen beschafft werden konnten und von daher Beschränkungen in Kauf genommen werden mußten.

4. Systematische und methodische Überlegungen

Auf die Wiedergabe der Diskussion allgemeintheoretischer Aspekte aus der politologischen Literatur wurde hier bewußt verzichtet. Verweise auf Zusammenhänge und Voraussetzungen finden sich dann, wenn sie zum besseren Textverständnis beitragen. In erster Linie ging es um Beschreibung und Analyse der Zeitungen. Das schließt oft auch die Aufdeckung von ungenannten Voraussetzungen, Irrationalismen, Zirkelschlüssen, Propagandatechniken und dergleichen ein. Zurückhaltung wurde dagegen bei der Bewertung geübt; die moralische Qualifizierung bleibt dem Leser überlassen.

Bei den Besprechungen und Kurzanalysen wurde kein festumrissener Begriff von Rechtsextremismus zugrundegelegt, zumal sich die wissenschaftliche Auseinandersetzung hierüber nicht geeinigt hat. Umgekehrt sollten anhand der inhaltlichen Aussagen in den Zeitungen und Zeitschriften erst die Kategorien ermittelt werden, die eine Rekonstruktion, zumindest aber eine Vorstellung von den Dimensionen des Begriffs ermöglichen. Als Leitfaden diente eine Hypothese, die quasi den kleinsten gemeinsamen Nenner in der politologischen Diskussion darstellt. In Anlehnung an *Richard Stöss* wird davon ausgegangen, daß Rechtsextremismus demokratiefeindlich[10] ist.

Anstelle der Willensbekundung der Mehrheit wollen Rechtsextremisten Verfahren setzen, in denen eine kleine Gruppe entscheidet; anstelle des veränderbaren Programms als Ausdruck des kulturellen Wandels setzen sie Elemente einer statisch interpretierten Natur. Wie geschickt hier agiert wird, verdeutlicht das von der *Neuen Rechten* präferierte Modell der *Organischen Demokratie*.[11] Hier legt die „natürliche Rangordnung" fest, wer im Staat das Sagen hat, und wem wieviel der verfügbaren Güter „natürlicherweise" zusteht.

1 Das Duisburger Institut für Sprach- und Sozialforschung e.V. (DISS) nannte schon 1988 diese Zahl. Vgl. Siegfried Jäger (Hg.), Rechtsdruck – Die Presse der Neuen Rechten, Berlin/Bonn 1988, S. 8 ff. Die Auflagenhöhe rechtsextremer Periodika konnte in den letzten Jahren zwar gesteigert werden, aber die Anzahl der Publikationen blieb relativ konstant, wie jüngere Recherchen ergaben. Vgl. dazu Martin Dietzsch, Organisation und Presse des Rechtsextremismus. In: Landesstelle Jugendschutz Niedersachsen (Hg.), Dokumentation der Tagung „Rechtsextreme Medien und Jugendschutz" – Tagung für pädagogische Fachkräfte am 17. September 1990, S. 4 f.

2 ‚Zine' ist die Abkürzung von ‚Magazine'. Zu den erfolgreichsten Fan-Zines gehört der FAN-TREFF, der seit 1986 herausgegeben wird und derzeit eine Auflage von 8200 erreicht; FAN-TREFF schreibt für schlagfeste Hooligans und spart nicht mit rassistischen oder antisemitischen Äußerungen. Vgl. Karl-Heinz Neumann, „Die Hooligan-Postille ‚Fan-Treff'". In: Der Rechte Rand, Nr. 15, Jan./Feb. 1992, S. 8.

3 Das sind: Grabert-, Türmer-, Druffel-, Vowinckel-, Munin-, Hohenstaufen-, Arndt-, Ursprung-, Arun-, Hohenrain-, Nordwind-, Askania-, Herbig-, Klartext-, Orion-Heimreiter-Verlag, Verlag für Volkstum und Zeitgeschichtsforschung, Verlag Heitz & Höffkes, Verlag für Ganzheitliche Forschung, Verlag Hohe Warte, Klosterhaus-Versand-Buch-

handlung, Grabert Versandbuchhandlung, Buchdienst NATION EU-
ROPA, Buchversand Anneliese Thomas, Armanen-Versand-Buchhand-
lung und andere. Das Landgericht München wies im Dezember '92
einen Antrag der Verlagsgruppe F. A. Herbig (Langen Müller, Herbig,
Amalthea, Universitas, Ullstein und Nymphenburger – Geschäftsführer: Dr. Herbert Fleissner) zurück, der Gewerkschaft Handel, Banken
und Versicherungen die öffentliche Verbreitung der Behauptung zu un-
tersagen, der „Langen Müller Verlag unterstützt und fördert rechtsradikale Blätter". Dem Gericht waren u. a. Werbeanzeigen in den Zeitschriften DEUTSCHE RUNDSCHAU, JUNGE FREIHEIT und REPU-
BLIKANER vorgelegt worden (Aktenzeichen: 9 023431/92).

4 Anton Maegerle, „Revisionistische Hetze geht weiter". In: Jüdische
Rundschau (Schweiz), Nr. 37 vom 13. 9. 1991, S. 27.

5 Ebenda. Vgl. ferner Bernd Siegler, „Nazisprüche zwischen Werbeanzeigen". In: Die Tageszeitung (TAZ) vom 10. 6. 1992.

6 Die Spiele wurden teils auf dem Schulhof erworben, teils in den Klassen
getauscht. Vgl. Frankfurter Rundschau vom 19. 3. 1990.

7 Anfang der 90er Jahre werden auf einem Faltblatt des Klartext-Verlags
(Nationalistische Front) unter sieben anderen Zielen und Strategien die
„Schaffung eines politischen Klimas im nationalistischen Sinne" genannt. Schon Anfang der 70er schreibt der Initiator des Nationaldemokratischen Hochschulbundes Pauli: „Sie (die Rechte, A.L.) muß, bis
zum Tag der Änderung außerparlamentarische Kraftentfaltung einsetzen
und das heißt – ein Klima schaffen." Volkmar Wölk. In: Blick nach
rechts Nr. 5, März 1992, S. 5.

8 Allerdings nur dem Wortlaut nach und mit Blick auf kompromittierende
Personen; auf die ideologischen Grundlagen – Biologismus (ein den
Rassismus, Antisemitismus und die Fremdenfeindlichkeit rechtfertigen-
des Interpretationsmuster, das die Bewertung des Menschen von Kör-
permerkmalen abhängig macht), Nationalismus, Bellizismus, mystisch/
kultische Elemente und anderes wird explizit zurückgegriffen.

9 Vgl. die Verfassungsschutzberichte des Bundes und der Länder.

10 Vgl. Richard Stöss, Die extreme Rechte in der Bundesrepublik – Entwicklung – Ursachen – Gegenmaßnahmen, Opladen 1989, S. 18.

11 Urheber dieses Entwurfes ist *Alain de Benoist*, Kopf der *Neuen Rechten*
in Frankreich. Benoist ist mit Beiträgen in verschiedenen deutschen Zeitschriften vertreten, z.B. in der NEUEN ANTHROPOLOGIE,
DEUTSCHLAND IN GESCHICHTE UND GEGENWART, AFP-
INFORMATIONEN und ELEMENTE.

II. Leitfaden für die Analyse

Der *Leitfaden für die Analyse* ist ein Ergebnis der Arbeit. Er greift die Themen und Ziele aus den Publikationen auf. Dem eiligen Leser mag er vorweg zur raschen Orientierung dienen. Aufgelistet sind dort Merkmale, die den Begriff „Demokratiefeindlichkeit" füllen. Auffallend ist etwa die allgemeine Frontstellung gegen Parlamentarismus, Pluralismus und individuelle Bürgerrechte wie Meinungs-, Presse-, Gewissens-, Versammlungs-, Glaubens- und Koalitionsfreiheit oder der übersteigerte Nationalismus, der hegemoniale Bestrebungen und Feindseligkeiten gegenüber Fremden einschließt. Mit solchen Charakterisierungen sollen nicht Gegensätzlichkeiten und Unterschiede zwischen den Gruppierungen planiert, sondern lediglich einige Grundlinien angedeutet werden. Wenn von der Alten oder Neuen Rechten gesprochen wird oder von Revisionisten und militanten Rechten, dann heißt das nicht, daß solche Gruppierungen in „Reinkultur" auftreten. Jede Mischung oder Verbindung kommt vor: Die Neue Rechte distanziert sich explizit von kompromittierenden NS-Größen und greift doch auf deren ideologische Grundlagen zurück, die Alte Rechte übernimmt neurechte Strategien.

Nicht jedes der aufgeführten Kriterien oder Beispiele trifft auf alle Gruppierungen oder Personen zugleich zu. Vertreter aus der „Grauzone" zwischen Konservatismus und Rechtsextremismus etwa treten weder für die Wiederzulassung der NSDAP noch die Verdrängung des „Judäo-Christentums" ein, während Teile der sog. Neuen Rechten sich zwar (auch) explizit von Hitler-Deutschland und der NSDAP distanzieren, aber das Christentum durch die „arteigene" Religion der Altgermanen ersetzt sehen wollen. NPD, DVU und REP stellen sich demokratischen Wahlverfahren (Vertreter rechter Parteien sitzen in beinahe allen Landesparlamenten und Kommunen!) – die militante Rechte lehnt diesen „parlamentarischen Zirkus" ab. Die einen kämpfen für ein Deutschland in den Grenzen von 1937, die anderen möchten ganz Österreich, den größten Teil Polens, Bereiche Belgiens, Italiens und Rußlands „eindeutschen" (Deutschland in den Grenzen vor 1919). Ähnlich verschieden ist der rechtsextreme Sprachgebrauch, für den im *Leitfaden* Beispiele angeführt sind.

Der vielfältigen Bezüge und Vernetzungen wegen kommt es gelegentlich zu Überschneidungen. So schließt das Ziel, „jegliche politische Opposition auszuschalten", die Abschaffung pluraler und parlamentarischer Strukturen ein. Und die „Beseitigung jeder weltanschaulichen Alternative" schließt auch die Bekämpfung des Christentums ein. Wenn diese Aspekte eigens hervorgehoben wurden, dann deshalb, weil es sich um herausragende Punkte in der rechtsextremen Programmatik handelt.

Rechtsextremismus

„Eine einheitliche oder systematische rechtsextremistische Ideologie gibt es nicht ... rechtsextremistische Bestrebungen kennzeichnet ein völkischer Nationalismus, dessen Triebfeder ein elitäres rassistisches Denken ist. Nicht die Gemeinsamkeiten der Geschichte, der Kultur und insbesondere der Sprache bestimmen nach rechtsextremistischer Weltanschauung die Zugehörigkeit zu einem Volk und zu einer Nation, sondern allein die biologische Abstammung (Rassevolk, Rassenation). Das ideologische Feindbild wird deshalb maßgeblich durch Rassen- und Fremdenhaß insbesondere gegen Türken, Juden und Farbige geprägt." (Verfassungsschutzbericht 1989, S. 14 f.)

Kennzeichen des Rechtsextremismus in den Journalen

- Nationalismus
- Rassismus/Fremdenfeindlichkeit
- Antisemitismus
- Frontstellung gegen Andersaussehende und Andersdenkende

- Frontstellung gegen die allgemeinen Menschenrechte
- Frontstellung gegen die parlamentarische Demokratie
- Frontstellung gegen „Links" und den sog. „Liberalismus"

Hochbewertung von

- Härte
- Zucht und Ordnung
- blindem Gehorsam
- bedingungsloser Unterordnung
- Ritualen, Traditionen, Symbolen
- unbedingtem Durchsetzungswillen
- Wehr- und Kampfbereitschaft
- Gewalt als Mittel, Ziele zu erreichen
- Macht- und Stärkedemonstrationen

Persönlichkeitsprofil

Rechtsextremisten
- haben ein relativ schwaches Selbstwertgefühl
- sind schnell frustriert
- zeigen wenig Kompromißbereitschaft
- scheuen das Eingeständnis von Unsicherheit, Unwissen, Schuld
- leugnen Mehrdeutigkeiten
- bevorzugen eindeutige und endgültige Zuweisungen
- sind auf Vorbilder und Symbole fixiert
- sind autoritär und autoritätsgläubig zugleich
- rechtfertigen harte Methoden, auch Gewaltmittel
- sind überkonform
- sind selbstgerecht
- sind sich selbst und der eigenen Gruppe gegenüber unkritisch
- praktizieren aggressive Entlastungshandlungen gegenüber Rangniederen

Der Autorenkreis

Alt-Nazis

Personen, die im Nationalsozialismus bzw. in der NSDAP und deren Unterorganisationen (z. B. Hitlerjugend) Funktionsträger waren sowie ehemalige Mitglieder von sog. Eliteeinheiten (SA, SS). Diese Kreise beschönigen meist die NS-Zeit und leugnen die Beteiligung an den Verbrechen, wenn nicht die Verbrechen des Regimes überhaupt. In Traditionsverbänden, Kontakt-, Hilfs- und Jugendorganisationen, bei Verlagen, Zeitungs- und Zeitschriftenredaktionen und Parteien wurden viele *Alt-Nazis* nach dem Krieg erneut aktiv.

Alte Rechte

Bei historischen Analysen zur *Alten Rechten* wäre in der Weimarer Zeit, wenn nicht früher, einzusetzen. Im vorliegenden Kontext bezeichnet *Alte Rechte* Repräsentanten eines Denkens, das die vorherrschenden Ideen der dreißiger und vierziger Jahre aufnimmt.

Neue Rechte

Das Attribut „neu" legten Rechte sich selbst zu. „Neu" ist das Signal für einen Aufbruch, der sowohl die auf der Stelle tretenden *Altrechten* als auch die kompromittierenden Altnazis hinter sich läßt. Die *Neue Rechte* distanziert sich zwar explizit vom Hitler-Faschismus, aber nur insofern, als dieser – wie die Altvorderen generell – sich durch Erfolglosigkeit selbst disqualifiziert habe. Verbunden ist diese Neubestimmung mit dem Anspruch der „Intellektualisierung" und dem Auftrag, eine theoretische Begründung der rechten Weltanschauung zu leisten. Nach neuen Inhalten sucht man allerdings bislang vergebens. Ideen spendet beispielsweise immer noch *Carl Schmitt*, der schon *Hitler* die passenden Stichworte gab. Erhalten blieb von daher auch die klassische Schienenführung rechter Denkbahnen. Nach wie vor bilden nationalistische, rassistische, antisemitische oder patriarchalische Segmente das Muster der Argumentation.

Neonazis

Für die überwiegend nach dem Krieg geborenen *Neonazis* ist die Zeit der Scham vorbei. Sie bekennen sich offen zum Nationalsozialismus und heißen die Verbrechen des Regimes gut. Neonazistische Bestrebungen dienen der Wiederzulassung einer nationalsozialistischen Partei und letztlich der Errichtung eines „vierten Reiches" nach nationalsozialistischem Vorbild.

Revisionisten

Revisionisten finden sich in allen Gruppierungen, wenn auch in unterschiedlicher Ausprägung. Einige fordern ein Deutschland in den Grenzen von 1937; andere reklamieren Gebiete als ihr „eigen", die vor 1919 zum (Groß-)Deutschen Reich zählten. In den letzten Jahren haben sich Hardliner aus der Deckung gewagt und eine europaweite Offensive gestartet. Sie leugnen die deutsche Kriegsschuld und bezeichnen die Verbrechen der Nationalsozialisten als Phantasiegebilde ihrer politischen Gegner. In Auschwitz und anderswo sei keiner umgebracht worden („Auschwitzlüge", „Greuellügen"), sagen sie, und schon gar nicht durch Gas („Leuchterreport"). Diese Manöver dienen dazu, den durch Völkermord diskreditierten Nationalsozialismus aufzuwerten und Schwellenängste vor nationalsozialistischem Gedankengut zu reduzieren.

Militante Rechte

Sie lehnen auch ein strategisch motiviertes Demokratiegebaren (Parteizulassungsverfahren etwa) ab; Kader werden aus „bewährten" Aktivisten gebildet. Ziele der tätlichen Angriffe sind politische Gegner und die ideologisch bestimmten Haßobjekte. In regelmäßigen Wehrübungen wird auch der Kampf mit der Waffe erlernt.

Rechtspopulisten

Charakteristisch für *Rechtspopulisten* ist, daß sie um des eigenen Vorteils willen (Macht, Ämter, Karriere, Popularität, Geld)
Ängste oder Unsicherheiten in der Bevölkerung verstärken. Sie
überzeichnen aus taktischen Gründen bestimmte Aspekte, hei-
zen die Stimmung mit Stammtischparolen auf und fordern radikale Lösungen für Probleme, die sie erst herbeigeredet haben.
Ob es sich immer „nur" um Wählerfang handelt oder schon um
rechtsextremistische Bestrebungen, muß im Einzelfall geprüft
werden. In der Regel gibt es aber Brücken nach rechts. Manchmal leitet der Erfolg auch eine „rechte Sozialisation" ein, so daß
aus zunächst taktischen Erwägungen Überzeugungsgehalte
werden.

Grauzone zwischen Konservatismus und Rechtsextremismus

Vor allem die Erfolge der sog. *Neuen Rechten* tragen dazu bei,
Grenzen zu verwischen. Geschickt werden rechte Botschaften
mit konservativen Meinungsäußerungen gemixt oder heikle Informationen dort plaziert – etwa in der Rubrik Leserbriefe –,
wo sie dem presserechtlich Verantwortlichen nicht angekreidet
werden können. Konservative pflegen Kontakte bis tief ins
rechtsextremistische Lager hinein. So besuchte beispielsweise
der Adenauer-Preisträger *Gerd-Klaus Kaltenbrunner* den 1990
von *Ewald Bela Althans* in München organisierten Revisioni-
stenkongreß. Das Motto der Veranstaltung „Wahrheit macht
frei", nämlich frei von „deutschen" Schuldkomplexen, impliziert die Behauptung, in Auschwitz (und anderswo) seien keine
Juden umgebracht worden. Neben internationalen Neonazi-
Größen waren auch FAP-Mitglieder und „Mannen" der *Kühnen*-Gruppe zugegen.

Adressaten

Die eigene Gefolgschaft
Stabilisierung durch Berichte von Aktivitäten und Erfolgen der „Gesinnungsgemein-schaft".

„Die FACKELTRÄGER-Nachrichten erscheinen unre-gelmäßig für die Freunde un-serer Gemeinschaft ..." (aus dem ständigen Editorial)
„Die Gesinnungsgemein-schaft der NEUEN FRONT gruppiert sich um ihre gleich-namige Publikation ..." (aus dem ständigen Editorial)

Jugendliche, Redaktionen von Schülerzeitungen
Zum Beispiel unerbetene Zu-sendung von Materialien, die den Nationalsozialismus ver-teidigen und seine Ideen ver-herrlichen.

Aus einer „Sonderausgabe" für Schulen: „Lehrer und Schüler sind aufgerufen, sich mit diesen Unterlagen, die in offiziellen Lehrmaterialien selten zu finden sind, kritisch auseinanderzusetzen." (UN. UNABHÄNGIGE NACH-RICHTEN; Sonderausgabe, 2. Neuauflage der UN 12/87, S. 12)

Intellektuelle und Studenten
Seit einigen Jahren verstärkte Versuche, in neue Kreise ein-zudringen und Förderer einer „konservativen Kultur" zu gewinnen.

„Eine Zeitschrift wie FRAG-MENTE, die, bedingt durch ihr inhaltliches Profil, nur ei-nen ausgesuchten Leserkreis anspricht ..." (aus einem Werbebrief von 11/1989)
„Elemente ist die Zeitschrift der Europäischen Intelligenz ..." (ELEMENTE Nr. 1, Winter 85/86, Deckblatt)

Vertriebene
Seit Kriegsende Ziel der Propaganda.

„Wir werden den Landraub niemals anerkennen! Wir kämpfen für die Rückführung der Ostgebiete ..., die Umsiedlung der dort lebenden Polen, das Heimatrecht der vertriebenen Deutschen ..."
(KLARTEXT, Nr. 21, S. 4, o.Jg. [1990])
„Empfehlungen für Vertriebene oder deren Erben für gerichtliche Verfahren gegen die gegenwärtige Ostpolitik des Verzichts auf das ostdeutsche Gebiet ..." (HUTTENBRIEFE, 10.Jg., 4/1992, S. 12)

Fußball-Fan-Gruppen
Die Hool-Szene ist das Ziel rechtsextremer Propaganda.

Ausgabe Mai 1992 des FAN-TREFF wirbt für Schallplatten von: Endsieg, Störkraft, Skrewdriver ... (FAN-TREFF Nr. 63/1992, S. 15)

Fans der Musikszene
Die Zahl rechter Musikgruppen mit rassistisch-faschistoiden Botschaften ist enorm angewachsen. Sie gewöhnen Jugendliche an ein einschlägigaggressives Vokabular.

Die Gruppe „Endsieg" macht sich im „Kanaken-Song" dafür stark, Türken ins KZ zu schicken. „Störkraft" fordert, „rettet die Rasse, die man einst verkauft".

Tierschutz
Hier wird ein besonders emotional besetztes Thema aufgegriffen.

„Unserer Meinung nach sollte man Tierversuche ganz stoppen. Aber wenn schon Versuche, dann mit irgendwelchen Kanakas ..."

Friedensgruppen
Seit Anfang der 80er Jahre Versuch der Unterwanderung mit einer „nationalrevolutionären Friedenspolitik". Später bilden die „nationale Frage" und ethnische Themen die Schwerpunkte.

„Wir, die Zeitschrift WIR SELBST, treten für eine breite gesamtdeutsche, sozialistische Friedensbewegung ein ..." (5/81, S. 3) 1987: „Thematischer Mittelpunkt ist die gespaltene deutsche Nation." (WIR SELBST 9/1987, S. 3).

Ökologie
Ihr kommt beispielsweise die Aufgabe zu, für die „Reinerhaltung der Rassen" zu sorgen.

„Will die teils religiös gewendete 68er Generation den Schöpfer belehren oder gar darüber aufklären, daß er nicht Rassen und Nationen hätte schaffen oder zulassen sollen, sondern nur die ‚One World' mit einer Rasse, einer Sprache und einer Literatur und Kultur?" (ÖKOLOGIE – Zeitschrift für Natur- und Heimatschutz, Nr. 1/92, S. 12)

Bewohner der neuen Bundesländer
Alle namhaften Gruppierungen und rechten Parteien versuchten nach dem Fall der Mauer in Ostdeutschland sofort ihren Organisationsbereich auszuweiten.

„In den wenigen Monaten seit Öffnung der Mauer ist der von uns sofort ins Leben gerufene Bereich Ost der bei weitem stärkste unserer Gemeinschaft." (DIE NEUE FRONT, Nr. 74, Sept. 1990, S. 41)

Denkmuster

Merkmale des Weltbildes

Statisch
Werte und Gesellschaftsformen gelten als unveränderbar, Wandel bedeutet Abweichung und Verfremdung.

„Immer dann, wenn Teile der Gesellschaft ‚alte‘ Übereinkünfte anzweifeln oder gar verwerfen, gerät das Gemeinwesen in existentielle Gefahr …“ (FRAGMENTE, 1. Jg. 3/ 1989, S. 22)

Dichotomisch/dualistisch
Es gibt nur zwei Möglichkeiten: wahr – falsch, wir – die anderen, Freund – Feind, gut – böse. Dabei wird davon ausgegangen, immer recht zu haben, allein die Wahrheit zu künden, allein sittlich zu handeln etc. Aus dieser Sicht wird eine Lehre für alle anderen verbindlich gemacht.

„Charakterlich (sic) für dieses Phänomen ist eine Gleichgerichtetheit der Gefühle und Meinungen sämtlicher Einzelmitglieder in die gleiche Richtung. Und zwar in *eine* Richtung, – im Gegensatz zur demokratischen Irrlehre, nach deren Schlußfolgerungen eine organisierte Masse soviele Richtungen theoretisch aufweisen könnte, wie Einzelpersonen vorhanden sind.“ (NS KAMPFRUF, Nr. 90, 7/8 1991, S. 6)

Hierarchisch gegliedert
Betonung des Führerprinzips.

„Daß die Masse nicht imstande ist, sich eigenständig zu führen, bedarf nicht mehr der Erwähnung. Sie benötigt eine Führung gleich welcher Art.“ (NS KAMPFRUF, Nr. 92, 11/12 1991, S. 6)

Etatistisch
Der Staat ist sowohl die Voraussetzung als auch die Inkarnation einer völkisch definierten Gemeinschaft. Er muß sich nicht rechtfertigen und ist von der Zustimmung des Einzelnen unabhängig.

„Dies war vorwiegend gegen die Staatsauffassung des entschiedenen Liberalismus gerichtet und dessen Anschauung, daß die Hoheit, die ‚Souveränität‘, des Staates nur eine abgeleitete, weil beschlossene, von den Beschließenden, der Menge der Einzelnen, der Gesellschaft, zugelassene und kündbare sei." (DEUTSCHLAND IN GESCHICHTE UND GEGENWART, 36. Jg., Nr. 1, S. 11)

Cäsaristisch
Im Machtzentrum der Führer. Ihm haben sich alle bedingungslos unterzuordnen; Führer und Gefolgschaft gehören zusammen.

„Die Führung ist es, die die deutsche Seele verändert und die menschlichen Motive auf ein höheres Niveau gebracht hat." (WIKINGER, 2/89, S. 3)
„Die Gefolgschaft ist typisch germanisch ... Sie bedeutet, daß die Helden ihrem Führer in Nacht und Tod folgen. Flucht und Feigheit machen ehrlos ..." (NS KAMPFRUF, Nr. 90, 7/8 1991, S. 7)

Traditionalistisch
Ein spezifischer Ausschnitt der Vergangenheit wird als maßgeblich erachtet.

„Die Gesinnungsgemeinschaft der NEUEN FRONT steht in der Tradition der SA und des revolutionären Flügels der historischen NSDAP ..." (aus dem ständigen Editorial)
„Wir müssen wieder den Sinn

der Polarität zwischen Mann und Frau begreifen und bejahen. Die Frau muß wieder die Möglichkeit erhalten, sich ihren wesensmäßigen Lebensaufgaben zu widmen. Sie sollte wieder ‚ganz Frau sein dürfen‘." (BADISCHER LAND-BOTE, Nr. 2/89, S. 11)

Patriarchalisch
Mit dem Verweis auf Traditionen und durch einschlägige Interpretationen biologischer Merkmale wird die Vorrangstellung des Mannes behauptet.

„Der Feminismus zerstört ein Spannungsverhältnis zwischen den Geschlechtern, das schon insofern ‚natürlich‘ ist, als es konstitutiv zu unserer Kultur gehört. Die Zuordnung der Frau zur Familie, des Mannes zum Staat – und d.h. immer auch zum ‚Männerbund‘ – kann, wenn man vom Typus ausgeht, nicht durch Erziehung oder gesetzliche Manipulation aufgehoben oder in ihr Gegenteil verkehrt werden, ohne daß großer Schaden zu erwarten ist." (CRITICÓN Nr. 119, 5/6 1990, S. 134)

Denken in Freund/Feind-Kategorien
In der tödlichen Gegnerschaft sieht dieses Denken ein regulierendes Prinzip der „Naturordnung". Die Freund/Feind-Kategorie ist aber auch konstitutives Element der Staatsrechtslehre.

„Um ... ein ungesundes Wachstum zu verhindern, wurde er (der Mensch, A. L.) sich selbst zum Feind gegeben. Diesen Regelungsvorgang der Natur nennt man Krieg." (WI-KINGER, 1/1989, S. 6)
„Wir brauchen eine Neubestimmung des Wesens des Po-

litischen an Hand der Arbeiten von *Carl Schmitt* und *Julien Freund* ...". (ELEMENTE/METAPOLITIK ZUR EUROPÄISCHEN NEUGEBURT, Nr. 4/1990, S. 17)

Bellizistisch
Krieg/Kriegsführung werden hoch bewertet.

„Über allem aber steht der Wehrwille. Nur wer bereit ist, das Letzte im Kampf einzusetzen, verdient zu siegen." (WIKINGER 1/1989, S. 5)
„Mein Glaube ist, daß der deutsche Geist im August 1914 und darüber hinaus eine Höhe erreicht hat, wie sie kein Volk vordem gesehen hat. Glücklich jeder, der auf diesem Gipfel gestanden hat ...". (AFP-INFORMATION, „Der deutsche Geist und das Elend des Kapitalismus"; März 1990, S. 9)
„Darum glücklich Ihr, die Ihr sterben dürft mit einem festen Zweck vor Euren Augen: fürs Vaterland." (RECHT UND WAHRHEIT/STIMME DES BISMARCK-DEUTSCHEN, 5. Jg., Nr. 11+12 1989, S. 4)

Krieg ist „natürlich"
Durch Krieg reguliert die „Natur" die Entwicklung.

„Am Ende eines Krieges ist dann das natürliche Gleichgewicht durch die Verringerung der Menschenbestände (Überbevölkerung ist stets der

Kriegsgrund) wiederhergestellt." (WIKINGER, 1/1989, S. 6)

Krieg ist erzieherisch
Vor allem „Gemeinschaftstugenden" sollen sich im Krieg entfalten.

„Bist Du so eigennützig und selbstsüchtig, daß Du es nur unter Tränen übers Herz bringen kannst, Dein Sein zu opfern, damit etwas Höheres aus Deinem Vergehen entstehen kann? ... (RECHT UND WAHRHEIT/STIMME DES BISMARCK-DEUTSCHEN, 5. Jg., Nr. 11+12 1989, S. 4)

Antihumanitär
Leben ist Kampf, in dem das Schwache und Kranke untergehen muß.

„Von da an ist es nur noch ein kleiner Schritt über den Kommunismus (Gleichheitswahn) zur Humanität, die darin besteht, alles Kranke und Lebensunfähige besonders zu hegen und zu umsorgen, Gesundes und Widerstandsfähiges dagegen zu vernachlässigen." (WIKINGER, 1/1989, S. 6)

Ideen und Theoreme

Biologismus
Maßgebend für die Ausbildung der Gesellschaften: Gene, Abstammung, Vererbung etc.

„Mag jede ‚Gengemeinschaft' über besondere Eigenschaften und Fähigkeiten verfügen, die Ausdruck in ihrer gesellschaftlichen Ordnung, ihrer Wirtschaft und ihrer Kunst finden, ..." (NEUE ANTHROPOLOGIE 1/88, S. 12)

„Die biologisch bedingte Wechselwirkung von Leistung und Wirtschaft ...“ (HUTTENBRIEFE, 4/92, S. 2–9)

Völkischer Nationalismus

Das biologische Kriterium „Abstammung“ und die Beanspruchung eines Territoriums für das „eigene“ Blut bilden die Grundlage.

„Immer wieder hat durchgeschienen, daß, da sich aus der sich wechselseitig durchdringenden Wirkung der verschiedenen Faktoren eine der Grundverbundenheiten des Staatlichen mit der biologisch-geistigen Grundorganisation der Menschen ergeben hat, der Staat jeweils *der Staat seines Volkes* zu sein hat, daß die Wahrung des Volkstums, dieses seines Volkes und dazu die Deckung von Volks- und Staatsumfassung zu *den* Elementen der Staatlichkeit und des Staates gehört.“ (DEUTSCHLAND IN GESCHICHTE UND GEGENWART, 36. Jg. Nr. 1, S. 12)

Rassen- und Abstammungslehren

Herausbildung von verschiedenen „Menschentypen“ aufgrund der Zugehörigkeit zu unterschiedlichen „Gengemeinschaften“. Eine helle oder dunkle Hautfarbe etwa soll zugleich ein Indiz dafür sein, es mit einer höher- bzw.

„Der nordische Typus wird schon deshalb als physisches Ideal angesehen, weil es (sic) der Typus der höheren Bevölkerungsschicht war.“ (ELEMENTE Spezial, Wintersonnenwende 1990, S. 25)

„Das Ziel überstaatlicher Mächte ist es, die in der Ungleichheit der Menschen ver-

minderwertigen Genausstattung zu tun zu haben. Und „natürlich" kennzeichnet die „bessere" Genausstattung auch den „überlegenen" Menschentypus, der den Ton im Konzert der Völker angibt.

borgenliegende Überlegen- wie Unterlegenheit aus rassischem Anderssein in intellektuellen Bereichen nicht mehr erkennbar werden zu lassen." (RECHT UND WAHRHEIT/STIMME DES BISMARCK-DEUTSCHEN, 5. Jg., Nr. 11+12 1989, S. 10) „Das Deutsche Volk ist edles, bestes Menschentum. Die Politiker des Systems haben seinen Untergang beschlossen. Aus allen Ecken und Enden der Unterwelt strömt das landfremde Verbrechergesindel ein. Das Deutsche Volk soll am Untermenschentum zugrunde gehen ... Die Demokratie inspiriert den Massenmord an der arischen Menschheit, die sie rassisch auslaugen und den niederen Rassen gleichmachen will." (NS KAMPFRUF, Nr. 81, Jan./Febr. 1990, S. 6 f.)

Überlegenheit der nordischen bzw. „europiden" Rasse.

„Wo immer in der uns überlieferten oder durch Funde bekannt gewordenen Erdgeschichte größere, über Horden oder Stämme hinausgehende, Völker umfassende Staatsgebilde entstanden, waren europide oder in Mischlingen doch europid geprägte Köpfe am Werk." (NEUE

ANTHROPOLOGIE 1/1988,
S. 12)
„Die Nordmenschen kann-
ten mit Abstand als erste
Kupfer, dann Bronze ..."
(DEUTSCHLAND IN GE-
SCHICHTE UND GEGEN-
WART, 36. Jg. Nr. 1, S. 33)

*Deutschland als „geopoliti-
sches Zentrum" Europas*
D. h. als Staat, dem aufgrund
seiner „Mittelstellung" eine
„Ordnungsfunktion" zufällt.

„Deutschland allein könnte
weiteren Identitätsverlust der
europäischen Völker aus der
Fülle seines Stammestums und
seiner geschichtlichen Wurzel
im Mythos verhindern – aber
nur, wenn es den ersten Schritt
zu seiner Neuschöpfung vom
3. Oktober in eine Wiedergeburt geopolitischen Denkens
und Handelns umzusetzen
versteht." (NATION UND
EUROPA, 10/1990, S. 4)
„75% aller Niederländer werden aufatmen, wenn die Niederlande endlich eine Provinz
Deutschlands sein werden. ...
Dort wird noch hart gearbeitet. Dort wissen die Ausländer noch, wie sie sich zu be-
nehmen haben." (KOM-
MENTARE ZUM ZEITGE-
SCHEHEN, Folge 250, Juni
1992, S. 3)

Elitetheorien
Ausbildung einer Führungs-
schicht.

„In der laufenden Auswahl
und Neubildung traditionsbe-
wußter Eliten ... sieht der

Konservative einen Weg auch für die politische Pädagogik und ihre wichtigste Aufgabe, die Erziehung und Bildung politischer Eliten, die zur Teilnahme an der Herrschaft berufen sind" (CRITICÓN Nr. 119, 5/6 1990, S. 137)

„Die Herausbildung einer tragenden Schicht, einer Elite, . . . ist jedoch die Lebensfrage der neuen Ordnung." (HUTTENBRIEFE 4/92, S. 9.

Aristokratie/Monarchie/ Reichsidee
Rückgriff auf vordemokratische Herrschaftsformen.

„Jede manneskräftige ‚Demokratie' bewahrt das monarchische Prinzip im Staatsoberhaupt und das aristokratische Prinzip in der Repräsentation." (BADISCHER LANDBOTE, Nr. 3/1989, S. 10)

„Auch die Kultur Deutschlands mit Ulrich von Hutten, Luther, Bach, Kant, Schiller, Goethe, Gauß oder Thomas Mann ist möglich geworden, weil es Jahrhunderte zuvor ein Heiliges Römisches Reich Deutscher Nation gegeben hatte. Niemals hat eine Kultur im luftleeren, schwerelosen Raum geschwebt ... Das Reich ist die höchste Form der Gesundheit des mitteleuropäischen Raumes."

(DEUTSCHLAND IN GE-
SCHICHTE UND GEGEN-
WART, 36.Jg., Nr. 1, März
1988, S. 17)

Verschwörungstheorien
Rechtfertigung des Antisemitismus.

„Patrick Buchanan, US Star-
reporter und Kolumnist in
achtzig Zeitungen: ‚Der amerikanische Senat ist ein von Israel besetztes Gebiet (Israel
occupied territory).‘" (KOM-
MENTARE ZUM ZEITGE-
SCHEHEN, Folge 250, Juni
1992, S. 3)

„Die *MÄCHTIGEN* dieser
Erde, als solche dünkt sich die
‚international verdrahtete Ju-
denschaft‘, erzeugt künstlich
SPANNUNGEN unter den
Menschen, die sich aus der
immer mehr an Bedeutung ge-
winnenden *RASSENFRAGE*
ergibt ... Jüdischem Macht-
streben Einhalt zu gebieten,
muß das erklärte Ziel aller
Rassen und Völker sein."
(RECHT UND WAHR-
HEIT/STIMME DES BIS-
MARCK-DEUTSCHEN,
5.Jg., Nr. 11+12 1989, S. 18)

„Wenn wir nach weiteren
Merkmalen dieses schon lange
waehrenden   juedischen
Kampfes gegen die freien
Voelker der Welt Ausschau
halten, so muessen wir heute
an erster Stelle auf die von den

Juden beherrschten Presse- und Nachrichtenagenturen blicken ...". (NS KAMPF-RUF, Nr. 87, Januar/Februar 1991, S. 8)

Soziale Ungleichheit/Sozial-darwinismus
Biologische Unterschiede rechtfertigen die Ungleichbe-handlung der Menschen.

„Der Vergleich afrikanischer Untermenschen mit den ari-schen Völkern mag gestattet sein, um dem unbedarften Le-ser und Volksgenossen diesen rassischen Tatbestand zu ver-deutlichen." (NS KAMPF-RUF, Nr. 90, Juli/Aug. 1991, S. 6)

Mythisch/kultische Elemente
Wiederbelebung altgermani-scher („arteigener") Bräuche, Riten und Religionen.

„... das Thule-Seminar (erar-beitet) entschlossen: ... eine heidnisch-metaphysische Al-ternative zum Judeo-Chri-stentum (sic) ..." (Begleitbrief zu ELEMENTE, dem Organ des Thuleseminars, von Janu-ar 1992)

Ethnopluralismus
Rassenvielfalt durch Separie-rung der Ethnien. Dieses Mo-dell soll Völker davor bewah-ren, ihre nationale Identität zu verlieren.

„Leitfaden für einen neuen, gangbaren Weg kann in dieser Frage nur die Erkenntnis sein, daß die Rassen und Völker biologisch verschieden sind und daher die Möglichkeiten und Rechte erhalten müssen, sich entsprechend ihrer je-weils eigenen Art zu entfalten ... Man kann die dauerhafte Ansiedlung von Fremden ver-hindern und hier lebende

Ausländer ausschließlich als vorübergehende Gäste ansehen ... Aber ein Gast kommt, wenn er willkommen ist – bleibt, solange er willkommen ist – und geht wieder, bevor er dem Gastgeber auf die Nerven fällt." (DEUTSCHLAND IN GESCHICHTE UND GEGENWART, 38. Jg., Nr. 1, Februar 1990, S. 21)

Metapolitik
Einfluß auf politiksteuernde Grundüberzeugungen im vorpolitischen Raum (Werte, Geschmack, Lebensziele etc.).

„Worauf es ankommt, das ist zunächst die Besetzung im vorpolitischen Raum: nur eine vitale Subkultur garantiert längerfristig die Durchsetzung eigener Zielvorstellungen." (Werbekarte der JUNGEN FREIHEIT von 1988)

Ziele

Errichtung eines (völkischen) Nationalstaates

Wir sind „Befreiungsnationalisten und bejahen diese Grundsätze besonders für Europa. Wir bekennen uns ohne Einschränkung zu unserem Volk ... Als Nationale stellen wir die biologisch und geschichtlich gewachsene Ordnung, die Völker als überzeitliche historische Bewußtseins- und Erlebnisgemeinschaft in den Mittelpunkt unserer Weltanschauung." (KOM-

MENTARE ZUM ZEITGE-
SCHEHEN, Beilage zu Folge
249/1992, S. 1)

*Wiederherstellung des Groß-
deutschen Reiches*

„Ein wirklich souveränes
Deutschland sollte als politi-
sche Zielvorstellung die Wie-
derherstellung der politischen
Handlungsfähigkeit des Vol-
kes der europäischen Mitte im
Europa freier Völker entwik-
keln. Dazu gehört nach der
Wiedererlangung der vollen
Souveränität als nächster
Schritt die Wiederherstellung
Gesamtdeutschlands in seinen
geschichtlichen Grenzen."
(NATION UNd EUROPA/
DEUTSCHE MONATS-
HEFTE, 40. Jg., Heft 10, S. 4)

*Beseitigung des demokratisch-
parlamentarischen Systems*

„Das Ende der Bundesrepu-
blik ... alle unsere Arbeit
dient diesem Tage."
(UN. UNABHÄNGIGE
NACHRICHTEN 5/78,
Deckblatt)
„Man muß sich darüber im
klaren werden, daß es nicht
mehr genügt, die Regierung
oder die Parteien in Westdeutschland auszuwechseln
...". (AFP-INFORMATIO-
NEN, „Der Deutsche Geist
und das Elend des Kapitalismus", 3/1990, S. 22)
„Man kann die deutsche Neu-

rose jedoch auch auf die Kurzformel bringen: Kein Volk, kein Reich und keine Führung." (ebenda)

„Wir müssen das System dort angreifen, wo es sich zur Selbstdarstellung bringt. Der Sturz des Systems kann seinen Weg nur über die Beseitigung der demokratischen Fassade nehmen." (NS KAMPFRUF, Nr. 81, Jan./Febr. 1990, S. 6).

Aufhebung der Individualrechte
Z. B. die Presse- und Wahlfreiheit

„Es ist nicht wahr, daß die politische Freiheit, das gleiche aktive und passive Wahlrecht, das höchste Gut der Menschen sei." (RECHT UND WAHRHEIT/STIMME DES BISMARCK-DEUTSCHEN, 5. Jg. 11+12 1989, S. 24)

Ausschaltung jeder politischen Opposition

„Es gibt sie also immer noch, jene, die in den Glanzzeiten der deutschen Geschichte in Lagern gelandet wären, in denen sie sich hätten konzentrieren können." (QUERSCHLÄGER Nr. 9/10 1989, S. 9)

„Am Beginn der Nationwerdung steht häufig der Bürgerkrieg; wenig spricht dafür, daß am Beginn ihrer Wiedergewinnung etwas anderes stehen könnte, da der größte Feind der Nation ein Teil ih-

rer selbst ist." (ETAPPE 9/
1989, S. 92)

Beseitigung weltanschaulicher
Alternativen

„Unter allen bedeutenden Intentionen Hitlers war die Zer-
störung der Römischen Kirche nicht die geringste – und
zumindest hier war er erfolgreich." (ETAPPE Sept. 1989,
S. 133)

„So sind die christlichen Kir-
chen heute überall die 5. Ko-
lonne der kommunistischen
Weltrevolutionsarmeen. Besonders kraß kann man das in
Südafrika beobachten, wo der
Negerbischof Tutu die Faust
zum Kommunistengruß ballt
und Haß und Gewalt predigt.
Europa hat dem Kommunis-
mus die Absage bereits erteilt.
Hoffen wir, daß dem Chri-
stentum das gleiche Schicksal
zuteil wird." (WIKINGER,
2/90, S. 9)

Relativierung der NS-Verbre-
chen

„Schon seit vielen Jahren be-
nutzen die Umerzieher die
Vorfälle in Oradour in Frankreich, um die angeblichen
Verbrechen der Waffen-SS
aufzuzeigen." (WIKINGER,
2/89, S. 18)

„Die Zahl der Todesopfer, die
im 2. Weltkrieg ‚auf Deutschlands Konto‘ gingen, wird in
gewissen Medien von Jahr zu

Jahr höher. Je größer die ,Gefahr', daß sich das deutsche Volk vom Kriechen und Knierutschen in die Normalebene des aufrechten Gangs erhebt, desto tonnenschwerer die Last, die man ihm aufbürdet ...". (DEUTSCHE NATIONALZEITUNG, Nr. 25, Juni 1992, S. 8)

Revision der Geschichtsschreibung

„Und da tun die Extremumerzieher in ihren Medien und Geschichtsbüchern so, als wäre die Weimarer Republik vom deutschen Volk aus lauter bösartigem Schabernack gekippt worden. Die deutsche Demokratie scheiterte vor allem an der bösartigen Ausplünderung und Entrechtung durch die Siegermächte ..." (DEUTSCHE NATIONAL-ZEITUNG, Nr. 25, Juni 1992, S. 12)

„*Diwald* ...: ,Sie dienten durchweg nicht der historischen Wahrheit, sondern der bewußten Zurichtung auf Kosten unserer Geschichte ... Die Kombination der Singularität der KZ-Verbrechen mit der abscheulichen Einmaligkeit des deutschen Geschichtsverlaufs war gesichert. In diesem Nest wurde auch das Ei des vergleichsweise sachlicheren Begriffs des deutschen Sonderwegs ausgebrütet. Die Umerziehung hatte in die Gefilde der Geschichtsschreibung mit der kaum verhüllten Anweisung ihren Einzug gehalten" (NATION UND EUROPA/ DEUTSCHE MONATSHEFTE, Nr. 10/1990, S. 20)

Reinerhaltung des deutschen Erbgutes

„Rassen, die nicht harmonieren, dürfen sich nicht mischen. Völker, die sich aus solchen fremden Rassen zusammensetzen, können sich an unserer Kultur nicht beteiligen, da sie es, auch bei äußerer Anpassung, nicht verstehen und bei Einflußnahme verfälschen." (WIKINGER 2/90, S. 7)

Ausgrenzung von Behinderten

„Die öffentliche Fassade der Gesellschaft ist glänzend ... Dahinter eine weniger erfreuliche Wirklichkeit: besorgniserregende Gruppen von physisch und psychisch Kranken, aus den verschiedensten Mängelgründen Arbeitslose, Alkoholiker, Drogensüchtige, Behinderte, vor allem auch erbbedingte Behinderte ...". (NEUE ANTHROPOLOGIE, Heft 4, Okt.-Dez. 1989, S. 69)

„Daß es eine Degeneration der Menschheit gibt, (mit Rücksicht auf fehlende Auslese,) hält er (ein kritisierter Autor, A.L.) für unbewiesen. Die ... Forderung nach einer Verbesserung des Erbgutes zum Ausgleich zitiert er zwar, lehnt dies aber aus vorgeblich ethischen Gründen ab." (ebenda, S. 99)

Ausgrenzung der Frauen aus dem öffentlichen Leben

„Der Sinneswandel muß darin bestehen, daß die Mutter und nicht die Feministin wieder an die Spitze der weiblichen geistigen Werteskala gerückt wird. Die Bevölkerungsmehrheit einschließlich der Bonner Führung darf sich nicht länger ihre geistigen Werte von einer lebensfeindlichen linken Intelligenzia vorschreiben lassen. ... Man will nicht wahrhaben, daß es die Lebensaufgabe jeder gesunden Frau ist, Kindern das Leben zu schenken. ... Linksliberal orientierte Erziehung will die junge Frau nur für die Tätigkeit in einem wirtschaftlichen Beruf ausgebildet sehen, vergessen wird, die Zeit für die Mutterschaft in die Lebensgestaltung einzuplanen nach dem Motto: Nachwuchs holen wir uns aus dem Ausland." (NATION

UND EUROPA/DEUT-
SCHE MONATSHEFTE,
42.Jg., Heft 3, März 1992,
S. 27 f.)

Beseitigung des sogenannten Egalitarismus

„Die Gleichheit der Menschen kann nicht unser Ziel sein. Es ist verkehrt, Ungleichen Gleichheit zu geben: Den Frauen und den Männern, ... den Schwachen und den Starken, den Nichtbesitzenden und den Besitzenden, den Dummen und den Klugen, den Fleißigen und den Faulen, den Volksgeschwistern und den Fremdstämmigen, den Weißen, Gelben, Roten und Schwarzen. (RECHT UND WAHRHEIT/STIMME DES BISMARCK-DEUTSCHEN, 5.Jg., Nr. 11+12 1989, S. 24)

Aufhebung des „universalistischen" Denkens
Wonach „alle" Menschen auf der „einen" Welt (One-World) gleichwertig sind.

„Unsere Hauptgegner sind genau diese Anti-Nationalen und One-World-Utopisten aller politischen Richtungen." (BADISCHER LANDBOTE, Nr. 3/1989, S. 12)
„Insbesondere aus linker Sicht darf es keine Unterschiede geben, ob einheimisch oder ausländisch, ob arbeitend oder schmarotzend – alles sind Menschen mit dem Recht auf Selbstverwirklichung an je-

dem Ort dieser One-World."
(NATION UND EUROPA/
DEUTSCHE MONATS-
HEFTE, 5/1992, S. 15)

Außerkraftsetzung der Men-
schenrechte

„Menschenrechte sind das Ar-
menrecht des atomisierten In-
dividuums ... Eine Weltge-
meinschaft der Menschen-
rechtsbesitzer wäre die totale
Gesellschaft. Diese Art von
Gemeinschaft ist der denkbar
höchste Grad von Gemein-
schaftszerstörung. Die Europäische Gemeinschaft z.B. ist
der Versuch, eine europäische
Einheits-Gesellschaft   zu
schaffen." (STAATSBRIEFE
3/1990, S. 13)
„Es gibt keine ,allgemeinen'
Menschenrechte. Es gibt kein
,allgemeines, natürliches Völkerrecht.'" (RECHT UND
WAHRHEIT/STIMME DES
BISMARCK-DEUTSCHEN,
5.Jg., Nr. 11+12 1989, S. 24)

Reizthemen

Kriminalität und organisiertes
Verbrechen

„Deutschland auf dem Weg in
die multikriminelle Gesell-
schaft: Dramatischer Anstieg
der   Ausländerkriminalität
..." (BERLINER NACH-
RICHTEN, Nr. 4/1990, S. 3)
„Einzelfälle? Nein! Nach der
Polizeistatistik ist seit Jahres-

beginn die Bandenkriminalität um 300% gestiegen." (BERLINER NACHRICHTEN, Nr. 2/1990, S. 1)

Mangelnde Sicherheit

„Fährt die Bundesrepublik zur Drogenhölle? (DEUTSCHE NATIONALZEITUNG, Nr. 25, Juni 1992, S. 2)
„Viele Bürger dieser Stadt haben Angst. Eine Angst, die so groß ist, daß viele Gewalttaten der Jugendbanden nicht angezeigt werden. Was tut der Senat in dieser dramatischen Situation? Er verharmlost …". (BERLINER NACHRICHTEN, Nr. 2/1990, S. 2)

Höhere Kriminalitätsrate bei Ausländern

„Besorgniserregend ist die hohe Quote ausländischer Straftäter bei der Drogenkriminalität…" (DEUTSCHE NATIONALZEITUNG, Nr. 25, Juni 1992, S. 2)
„Seit Monaten breiten sie sich wie ein Krebsgeschwür in unserer Stadt aus: ausländische, gewalttätige Jugendbanden… Ihr Motto ist: Deutsche raus!" (BERLINER NACHRICHTEN, Nr. 2/1990, S. 1)

Lasche Justiz

„Kriminalität wird nicht mehr bekämpft, sondern nur noch verwaltet… Boykottiert wer-

den die Forderungen nach einer Verschärfung der Gesetze... jedoch von den ‚Liberalen‘ jeder Coleur, die gebets-
mühlenartig die Gefahr eines
‚Polizeistaats‘ beschwören.“
(JUNGE FREIHEIT, März
1992, S. 2)

Politische Justiz

„Die politische Justiz treibt
ihren Unfug in Deutschland
und auch in Österreich, und
es ist eine Schande, daß wir so
etwas dulden und zulassen.“
(DIE   BAUERNSCHAFT,
24. Jg., Nr. 1/1992, S. 11)

Politikskandale

„Die Skandalserie beim sogenannten Verfassungsschutz in
der   Bundesrepublik   reißt
nicht ab...“. (DEUTSCHE
NATIONALZEITUNG,
Nr. 25, Juni 1992, S. 9)

*Überfremdung durch Auslän-
der*

„Hilfe, die Zigeuner kom-
men... Eine Million will ein-
marschieren...“   (DEUT-
SCHE   NATIONALZEI-
TUNG, Nr. 25, Juni 1992,
S. 1)
„Wir weißen Europäer müs-
sen zusammenhalten, damit
unser Kontinent nicht zum
Spielball ausländischer Aus-
sauger und Parasiten wird.
Darum: Wehrt Euch! Zeigt
den ‚Volksverfremdern‘, wer

das Volk ist!" (DIE BAU-
ERNSCHAFT, 24. Jg., Nr. 1/
1992, S. 11)

Kosten für Asylbewerber

„Scheinasylanten machen
Kasse..." Für alle Asyl-Ausländer in der Bundesrepublik
Deutschland werden 1992
mindestens 15 Milliarden
Mark aus öffentlichen Kassen
ausgegeben. Hält die Ent-
wicklung an, muß Deutsch-
land in den 90er Jahren...
über 200 Milliarden Mark für
Asyl-Ausländer aufwenden.
Das heißt: Die politischen
Verantwortlichen... geben
mehr... für die Asylanten,
Asylbewerber und Scheinasylanten aus, als sie an Kinder-
geld zur Förderung des Nach-
wuchses des deutschen Volkes
bereitstellen." (DEUTSCHE
NATIONALZEITUNG,
Nr. 25, Juni 1992, S. 8)

Sprache

Vokabular

Kriminalisierungen
- Verbrechen/Verbrecher
- Betrug/Betrüger
- Volksverräter/Verrat
- Spitzel
- Politgauner

Zuschreibung moralischer und sozialer Minderwertigkeit
- Pöbel
- Handlanger
- Lügner
- dreckiges Pack
- Geschmeiß
- Büttel
- Gesinnungslumpen

Biologistische Kategorien
- Brut (kommunistische)
- entartet
- biologischer Abschaum/Auswurf
- sittlich und biologisch verfallen
- Schmarotzer
- Parasiten
- Arterhaltung
- Mord durch Rassenmischung
- Verunreinigung der eigenen Art/Überfremdung
- minderwertiges/höherwertiges Erbgut

Idealisierungen
- Ehre (der Nation)
- Freiheitskampf
- edel/edle (Rasse)
- sauber(-es, z.B. ausländerfreies Deutschland)
- anständig (z.B. deutsch bzw. nationalgesinnt sein)
- weiß(-häutig und damit höherwertig sein)
- treu (bis in den Tod)

Sakrale Kategorien
- heilig(-es Germanisches Großreich)
- Heil! (als Beschwörungs- und Grußformel)
- ewig (Normen und Werte)
- göttliche Vorsehung
- weihen (das Leben der guten Sache)
- Flamme und Feuer

Verschwörungsvorwürfe
- Verbotslisten oder Lügentafel (Liste indizierter Schriften)
- politische Verfolgung (Verfahren gegen Straftäter)
- verweigerte Gedankenfreiheit (Ahndung von Volksverhetzung)
- fehlende Souveränität (Verlust der „deutschen Ostgebiete")
- Kollaboration mit den Siegern (Anerkennung der Ostgrenze)
- Umerziehung der Deutschen (zu zivil/demokratischem Denken)

Stil

Synonyma: deutsch = anständig = rein
Beschönigungen: Säuberung statt Vernichtung
Übertreibungen: Lügenpolitiker, Greuellügen
Zusammensetzungen: 6-Millionen-Lüge
Übersteigerungen: häufiger Gebrauch des Superlativs, manchmal noch verstärkt: „allerschändlichster" Verrat

Überzeugungsstrategien

Verweis auf „Autoritäten": national-patriotische Dichter, Denker und Politiker
Weckung negativer Assoziationen durch historisch belastete Formulierungen: Zigeuner, Jud, Bolschewist
ressentimentbildende Ausdrucksweisen: Asylantenflut, Asylbetrüger, Wirtschaftsflüchtlinge, durchrasste Gesellschaft
Vermischung von Legenden und Fakten: geschichtliche Ereignisse und altgermanische Mythen etwa

Metaphern erhalten die Funktion einer Begründung: Das Boot
  ist voll
Analogien werden als Schlußfolgerungen ausgegeben: weiß und
  deutsch = sauber und gut
Scheinfragen suggerieren Offenheit: Entschied Verrat den
  2. Weltkrieg?

III. Fünfzig rechtsextreme Presseorgane

AFP-INFORMATIONEN. Erscheinungsweise: unregelmäßig. Auflage: unbekannt. Organ der Arbeitsgemeinschaft für demokratische Politik (AFP). Hg: Arbeitsgemeinschaft für demokratische Politik (AFP), Webgasse 11/9, A-1060 Wien.

Autoren u.a.: *Rose Eller* (Stifterin des Rose-Eller-Preises für „muttersprachliche", das meint völkische Literatur), *Wolfgang Strauss* (ehem. NPD, Vertreter eines völkischen Nationalismus), *Thor v. Waldstein* (Rechtsanwalt, ehem. Bundesvorsitzender des NHB), *Konrad Windisch* (ehem. Funktionär des BHJ), *Alain de Benoist* (Cheftheoretiker der *Nouvelle Droite*, der sogenannten *Neuen Rechten* Frankreichs), *Brigitte Wehner* (veröffentlichte u.a.: „Emanzipation – Die Befreiung der Frau von sich selbst").

Die AFP-Broschüren enthalten Vortragstexte rechtsextremer Wortführer. Zu den neueren Ausgaben vom März 1990 zählt die Rede *Thor von Waldsteins:* „Der deutsche Geist und das Elend des Kapitalismus".

Die Bundesrepublik Deutschland ist für den Autor „ein staatlich organisiertes Verfahren zur Verabschiedung der Deutschen aus der Weltgeschichte" (S. 4). Die Bewohner des Landes – eine „Schwundstufe des Deutschen" (S. 4) – seien „pazifizierte, politisch weichgekochte" (S. 14) und „umerzogene Wesen" (S. 15), die in einem „liberalen Gefängnis" lebten (S. 5/22) und von den „Volksfeinden in den Medien" ferngesteuert würden. Auch hingen sie dem „Gleichheitskult" (S. 16) an sowie dem „Glauben an die Mehrheit" (S. 17). „Disziplin, Verzicht, Gehorsam und andere preußische Erzeugnisse" (S. 18) lehnten sie ab. Es kennzeichne die Dummheit dieses „Homo Bundesrepublicaniensis" (S. 4), widerstandslos den „Nasenring Vergangenheitsbewältigung" zu tragen, an dem man ihn bis „heute historisch" vorführe (S. 18). Verantwortlich für diese neurotische Entwicklung der Bundesrepublik (S. 22) sei der Umstand, „kein Volk" und „kein Reich" zu sein bzw. „keine Führung" (S. 22) zu haben. Das nationale Elend habe mittlerweile Ausmaße erreicht, bei „denen in gesunden Völkern das Militär putschen würde" (S. 22). Doch, man müsse „sich darüber im klaren werden, daß es nicht mehr genügt, die Regierung oder die Parteien in Westdeutschland auszuwechseln, man muß auch die Menschen in ihrem Denken und Handeln ändern". (S. 22) Zu den anvisierten Veränderungen zählt nicht zuletzt die Installation eines „ethnischen Fundamentalismus" (S. 24). Und damit dies alles auch Realität werde, wünscht Waldstein den Deutschen wirtschaftlich „nur Schlechtes" (S. 24) und hofft als deutscher Patriot, daß „die Schwarzen Freitage kämen..." (S. 24).

Daß *Waldstein* in Anlehnung an *Carl Schmitt*[*] dem Freund-Feind-Denken (S. 7) huldigt oder schwärmt, der 1. Weltkrieg habe durch den vorgelebten „Gemeinschaftsgeist" dem Einzelnen „inneres Glück" verschafft, daß er ferner die „Utopie" eines „Heiligen Deutschen Reiches Europäischer Nation" (S. 3) entwirft und Frauen bei ihm im öffentlichen Leben nicht vorkommen, scheint nur konsequent. Seine Kritik benennt die Ziele des Kampfes deutlich:

– Die pluralistisch-föderalistische Bundesrepublik mit ihren demokratisch legitimierten Organen ist zu ersetzen durch ein quasi-religiös fundiertes Reich, an dessen Spitze ein Führer steht – oder in Kurzfassung: die demokratische Staatsform ist durch eine totalitäre abzulösen.

– An die Stelle der Staatsbürgernation soll ein völkischer, d. h. nach rassistischen Gesichtspunkten konstituierter Nationalstaat treten.

– In der geltend gemachten Werteskala rangiert Friedensbereitschaft am unteren Ende; sie kennzeichnet dort minderwertige

---

[*] *Carl Schmitt* (1888–1985), Jurist, Vertreter der Einheit von Thron und Altar, Protagonist eines unhinterfragbaren patriarchalischen Ordnungs- und Gewaltstaates. Schmitt befürwortet die Einschränkung politischer (individueller) Freiheiten. Er war Wortgeber *Hitlers*, ohne daß dies seinem akademischen Ansehen nach dem Kriege geschadet hätte.

Menschen. Umgekehrt gilt Kampfbereitschaft als der Ausdruck wahrer menschlicher Wesenheit. Die abschätzigen Äußerungen über die demokratische Einbindung des Militärs orientieren sich an diesem Muster.
– Für die Verbrechen im Nationalsozialismus braucht weder die BRD als Rechtsnachfolgerin des NS-Regimes Verantwortung zu übernehmen noch sind Täter sich und anderen Rechenschaft schuldig.
– Bürgerliche Freiheiten wie die Meinungs-, Wahl-, Glaubens- oder Pressefreiheit sind im Verständnis des Autors nicht nur Schwächen des Systems, sondern auch für den einzelnen Menschen unzumutbar, weil diese Freiheiten – so ist „liberales Gefängnis" wohl zu interpretieren – es erfordern, selbst entscheiden zu müssen, was man wollen, denken, glauben oder tun soll.
Was Befürworter totalitärer Herrschaft von jeher schuldig blieben, sind Belege, die die Vormachtstellung, das Alleinvertretungs- und Präskriptionsrecht sowie das beanspruchte Wahrheits- und Gewaltmonopol zu legitimieren imstande wären. Bei *von Waldstein* und Kameraden ist nur eines deutlich: die Bereitschaft, demokratische Regeln und rechtsstaatliche Verfahren außer Kraft zu setzen.

ALTE KAMERADEN. *Unabhängige Zeitschrift deutscher Soldaten.* Erscheinungsweise: monatlich. Auflage: nicht bekannt. Redaktionsadresse: Tübinger Straße 23, 7000 Stuttgart. Hg.: Arbeitsgemeinschaft für Kameradenwerke und Traditionsverbände e. V.
Autoren u. a.: *Alfred Schickel* (Leiter der zeitgeschichtlichen Forschungsstelle in Ingolstadt), *Helmut Bärwald, Gerhard Baumann, Nikolaus Ehlert, Fritz Birnstil, Joachim Kannicht, Heinz Karst.*

ALTE KAMERADEN widmet sich der Traditionspflege der Deutschen Wehrmacht im 2. Weltkrieg. Vom Kriegsteilnehmer wird das Bild des unpolitischen Soldaten gemalt, der mit den nationalsozialistischen Verbrechen – das ist als erstes ein Angriffskrieg – nichts zu tun hatte.

In den ALTEN KAMERADEN können ehemalige Wehrmachtsangehörige ihre persönlichen Erfahrungen, Fähigkeiten und Taten schildern, über Besuche in alten Kriegsgefangenenlagern und von Kriegsgräberfahrten berichten, Suchmeldungen oder Nachrufe auf verdiente Kameraden veröffentlichen sowie Treffen ankündigen. Außerdem werden neue Kriegsbücher besprochen sowie einschlägige Videos, Militaria und Reisen angeboten. Was fehlt, sind Berichte über die Effizienz des „soldatischen Tuns" beim millionenfachen Abtransport von Frauen, Kindern, Greisen und Greisinnen oder Schilderungen der Unterstützung (Abriegelungen, Straßensperren etc.), die die *Armee der SS* – nicht nur bei Massenerschießungen von Juden im ukrainischen Babi Jar – gewährte. ALTE KAMERADEN schützt Kriegsteilnehmer sogar davor, mit den unabweisbaren Resultaten ihrer regulären Tätigkeiten als Kombattanten in Verbindung gebracht zu werden.*

Trotz dieser Verdrängungspraxis sind die ALTEN KAMERADEN keine neonazistische Publikation. Sie wird hier deshalb erwähnt, weil sie gänzlich unkritisch einem Militarismus huldigt, der auch angesichts der in jüngerer Zeit von Soldaten verübten Massaker (etwa in China) nicht zweifelhaft wird. Legitimiert sah sich diese Haudraufideologie bislang durch die Existenz kommunistischer Staaten, vor denen Deutschland geschützt werden sollte. Bleibt abzuwarten, wie die Zeitungsmacher sich auf die Veränderungen in Europa einstellen.

BADISCHER LANDBOTE. *Nachrichtenmagazin für Politik, Kultur und Wissenschaft. Das neue Magazin für die Ersten von Morgen.* Erscheinungsweise: vierteljährlich. Auflage: 3000. Ab

---

* Vgl. ALTE KAMERADEN, 38. Jg. – Juni 1990, S. 7f. Hier wird in Replik auf eine Buchbesprechung die Frage von *F. J. Raddatz*, wer denn die 20 Millionen Sowjetbürger – mehrheitlich Zivilisten – getötet hat, nicht beantwortet, vielmehr als unsachlich zurückgewiesen.

Mai 1990 mit *EUROPA VORN* vereinigt. Eigendruck im Selbstverlag. Hg. u. v. i. S. d. P.: *Thorsten Paproth,* Magdeburger Straße 2, 7750 Konstanz.

Der Gründer und Hg. des BADISCHEN LANDBOTEN, *Thorsten Paproth,* war Kreisvorsitzender der NPD in Konstanz und trat dann zu den Republikanern über.

Autoren u. a.: *Hellmut Diwald* (Ordinarius für Geschichte in Erlangen), *Reinhold Oberlercher* (ehem. SDS-Theoretiker, nennt sich selbst *Nationalmarxist*).

Interviews: *Franz Schönhuber* (REP), *Harald Neubauer* (ehem. NPD und REP, MdEP, neuerdings *Deutsche Liga für Volk und Heimat*), *Thomas Lux* (Vorsitzender des Nationaldemokratischen Hochschulbundes).

Der BADISCHE LANDBOTE trat 1989 die Nachfolge des WEGWEISERS an und verband sich im Mai 1990 mit EUROPA VORN. Diese Zusammenlegung sollte nicht zuletzt „ein Zeichen setzen für die vielen übrigen Einzelkämpfer an der Front der heimattreuen Publizistik" (*Thorsten Paproth* in EUROPA VORN 5/90, S. 3).

Das nur gut ein Jahr eigenständig verlegte Blatt kämpfte *gegen* „Pluralismus", „Liberalismus", „Kommunismus", geltendes „Ausländer- und Asylrecht", gegen die „EG", gegen die „Bonner Parteien" und „verpöbelten Staatsmänner", gegen den „geistigen Landesverrat" etc., also alles, was nicht unter *rechts* subsumierbar ist. Umgekehrt warb der BADISCHE LANDBOTE *für* Nationalismus, für Rassentrennung („aus Liebe zur Vielfalt"), für einen „starken Staat" unter Beibehaltung des „monarchischen" und „aristokratischen Prinzips" und natürlich dafür, daß die Frau sich ganz „ihren wesensmäßigen Lebensaufgaben widmet". Damit wollte der BADISCHE LANDBOTE ein „Magazin für die Ersten von Morgen" sein.

Der Herausgeber der Zeitschrift sprach in einigen Rubriken gezielt Leser im ländlichen Raum an. Daß die Probleme der deutschen Landwirtschaft oder Defizite in der Landschaftspflege durch Deutschtümeleien, mit *Hermann Löns* oder durch die Pflege alter Erntebräuche zu lösen sind, darf mit guten Grün-

den bezweifelt werden. Geworben wurde u.a. für: DIE MEI-
NUNG, DIE NEUE FRONT, die UN.UNABHÄNGIGE
NACHRICHTEN, den Grabert- und Hohenrain-Verlag und
den Schutzbund für das Deutsche Volk.

BERLINER NACHRICHTEN. *Zeitung für Berlin und die
Mark Brandenburg.* Erscheinungsweise: monatlich. Auflage:
100000 (Eigenangabe). Ehemals Organ der Berliner REP. Im
Juni 1990 gegründet. Hg. und Verlag: BR-Verlag der Berliner
Republikaner Gesellschaft mbH i.G. Chefredakteur: Bis September 1991 *Thorsten Thaler.* Sammelanschrift: Kluckstr. 25,
1000 Berlin 30.

Thorsten Thaler war Pressesprecher des Berliner REP-Lan-
des-Verbandes. Im Herbst 1991 trat er und ein großer Teil der
BERLINER NACHRICHTEN-Mitarbeiter zur *Deutschen
Liga für Volk und Heimat* über. Die BERLINER NACH-
RICHTEN wurden im Oktober 1991 eingestellt. Das Blatt
sollte zunächst das Organ der *Deutschen Liga* werden. Die
Abonnenten wurden von der JUNGEN FREIHEIT übernom-
men.

Autoren u.a.: *Thorsten Thaler, Werner Deutsch, Matthias
Bath, Frank Degen, Carsten Pagel* (ehem. Landesvorsitzender
der Berliner REP, jetzt *Deutsche Liga*), *Rudolf Kendzia* (ehem.
NPD, ehem. CDU, ehem. REP, jetzt *Deutsche Liga*).

Den thematischen Schwerpunkt der BERLINER NACH-
RICHTEN bildete bis zum Herbst 1991 die „Ausländerfrage".
Bei ihrer Erörterung gab das Schönhuber-Konzept die Richtli-
nien vor. Klischees auf dem Stammtischniveau wurden wie Pau-
kenschläge aneinandergereiht: „Deutschland auf dem Weg in
die multikriminelle Gesellschaft – Dramatischer Anstieg der
Ausländerkriminalität"; „Berlin-Alexanderplatz – eine ‚gute
Adresse' für türkische Totschläger"; „Ausländische Jugendbanden"; „Kostenübernahme für Asylanten"; „Altparteien versa-
gen in der Ausländerpolitik"; „Einschleusung von Ausländern". Diese Überschriften zieren allein die Seiten 2 und 3 der

Ausgabe September 90; andere Nummern unterscheiden sich da nicht: „Ansturm aus Polen überschwemmt Berliner City"; „Gedanken zur Ausländerfrage"; „Bettelnde Asylbewerber"; „Mit aller Gewalt multikulturell?" (Juli/Aug. 1990).

„Berlin muß deutsch bleiben" hieß es auf einem Info-Coupon der Republikaner, ein Slogan, der das Grundmuster und die Zielvorgabe der BERLINER NACHRICHTEN umriß. Als REP-Organ berichtete das Blatt auch über die Tätigkeit der Republikaner-Vertreter in den Bezirksverordnetenversammlungen. Daß alles mit „links" oder „sozialistisch" Etikettierte ebenfalls Zielscheibe dieser Zeitschrift war, versteht sich von selbst. Ob sich mit der geplanten Neuerscheinung auch das Konzept ändert, wird zu prüfen sein.

CODE. *Exclusives aus Politik und Wirtschaft.* Erscheinungsweise: monatlich. Auflage: mehrere Tausend. Verlag: Diagnosen GdBR, Untere Burghalde 51, 7250 Leonberg. Chefredakteur: *Ekkehard Franke-Gricksch.*

CODE pflegt internationale Zusammenarbeit mit THE SPOTLIGHT (US-amerikanische Zeitung) und NEW AMERICAN VIEW (US-amerikanischer Nachrichtendienst).

Autoren u. a.: *Robert Faurisson* (franz. Literaturprof., leugnet den Holocaust), *Heide Schmidt, Hans Baader, Alfred König, Mark Weber, Klaus Holzer, Hans W. Schimmelpfeng* (Bürgermeister a. D., kürzlich verstorben), *Michael Bernhard.*

CODE ist die Abkürzung für: *Conföderation organisch denkender Europäer.* Aus der Selbsteinschätzung gleich zu Anfang jeder Ausgabe erfährt der Leser: „CODE ist national, konservativ, patriotisch und dadurch den deutschen Belangen und Problemen besonders aufgeschlossen." In ihrem Selbstporträt beteuert CODE, keineswegs antisemitisch zu sein, sondern nur gegen den Zionismus vorgehen zu wollen. CODE biete zu diesem Zweck jüdischen Journalisten und Rabbinern „die Möglichkeit, ihre politischen Bedenken gegen den Zionismus zu äußern" (6/90, S. 3).

Wenn *Simon Wiesenthal* negativ charakterisiert oder das Tagebuch der Anne Frank als Fälschung hingestellt wird (6/90, S. 56 u. S. 62), wenn es um scheinbar überflüssige deutsche Wiedergutmachungsleistungen an Israel geht oder um angeblich ungerechtfertigte Prozesse (gegen *Ernst Zündel* z.B., der den Holocaust bestreitet und von Kanada aus revisionistische Zeitschriften vertreibt), dann verfolgt CODE das Ziel, deutsche Kriegsverbrechen und deutsche Kriegsschuld zu relativieren bzw. als Produkt jüdischer Propaganda hinzustellen nach dem Schema: *1. haben die Juden alles selbst verschuldet (Weltverschwörung), 2. war alles gar nicht so schlimm, 3. lügt, wer etwas anderes sagt, 4. sind Berichte über deutsche Greueltaten eine jüdische Erfindung – also sind wir die Opfer, nicht die Juden!* Der Zionismus ist in diesem Zusammenhang ein nützlicher Pappkamerad.

Antipolnische Artikel, Berichte über die Euro-Rechte und Entwicklungen in Südafrika runden das Themenspektrum.

CODE wirbt für den Diagnosen-Verlag und für die Zeitschrift GESUNDE MEDIZIN.

CREDO. *Das politische Magazin für Deutsche.* Nur einmal erschienen. Startauflage: 20000. Als Republikaner-Blatt projektiert. RVG Verlags- und Vertriebs-GmbH, Postfach 543, 8300 Landshut 1. Geschäftsführer: *Harald Neubauer, Franz Glasauer.* Chefredakteur: *Harald Neubauer.*

Harald Neubauer (MdEP), der als Zögling von *Gerhard Frey* und *Franz Schönhuber* gilt, war von 1975–1981 Pressesprecher des NPD-Bezirksverbandes München, später wurde er Mitglied der REP, die er aber zwischenzeitlich auch verließ. *Neubauer* ist nun Mitglied der *Deutschen Liga für Volk und Heimat.*

Autoren u.a.: *Johanna Grund* (ehem. stellv. REP-Bundesvorsitzende und MdEP), *Harald Görlitz, Martin Jenke.*

CREDO („ich glaube") trat an, um Tabus im Gebiet der „öffentlichen Meinung" sichtbar zu machen und die „tendenziöse Tradition der Lizenzpresse" zu brechen bzw. „die Vorherr-schaft der journalistischen Volkspädagogen" zu beenden (CRE-DO 1/89, S. 3). Auf Beschluß des REP-Bundesvorstandes wurde das Magazin nach einer Nummer eingestellt: CREDO sei „parteischädigend", man habe sich „distanzieren" müssen (Süddeutsche Zeitung, 16. 3. 90, S. 22), erklärte *Harald Neubauer:* CREDO habe sich auf einem „saumäßigen Niveau" befunden. Er sei für das Blatt jedoch nicht zuständig gewesen. Die Verantwortung hätte vielmehr bei dem Jurastudenten *Adrian Preißinger* gelegen.

Die erste und einzige Ausgabe von CREDO erschien übrigens mit zwei verschiedenen Titelblättern. Das eine zeigt den REP-Vorsitzenden *Franz Schönhuber,* das andere *Jean-Marie Le Pen,* der sich in CREDO einem Interview stellte. Ansonsten das Übliche: nationalistische Positionen, Kämpferisches gegen die manipulierte Presse bzw. den Sittenverfall* und natürlich Werbung für einschlägige Publikationen.

CRITICÓN. *Konservativ, Kritisch, Konstruktiv.* Erscheinungsweise: zweimonatlich. Auflage: 8000. 1970 gegründet. Criticón-Verlag, GmbH & Co.KG, Knöbelstraße 36/0, 8000 München 22. Hg. u. verantw. Redaktion: *Caspar von Schrenck-Notzing.*

Der Großaktionär bei WMF, *Caspar von Schrenck-Notzing,* unterstützt heute die REP. Sein Sohn *Alexander* kandidierte 1986 im bayerischen Landtagswahlkampf für die REP.

Ständige Mitarbeit: *Armin Mohler* (ehem. CSU-Mitglied und Geschäftsführer der Siemens-Stiftung, heute Berater von Franz Schönhuber), *Klaus Motschmann* (Theologie-Prof., stellvertretender Vorsitzender der „Evangelischen Notgemeinschaft"), *Alexander Gauland* (CDU, ehem. Mitarbeiter im Presse- und Informationsamt der Bundesregierung), *Hanns Klatz.*

---

* Die einseitige Fixierung auf die Sexualmoral – die Obszönität von Giftgas oder atomaren Vernichtungswaffen gibt nicht Anlaß zur Empörung – ist zwar auffallend, kennzeichnet aber für sich genommen nicht schon den Rechtsextremisten. Sie findet sich auch bei anderen Gruppierungen.

Autoren u. a.: *Reinhold Oberlercher, Karl Steinbuch* (ehem. Institutsdirektor an der Universität Karlsruhe, u. a. tätig im „Schutzbund für das Deutsche Volk"), *Armin Mohler, Hellmut Diwald, Günter Rohrmoser* (nationalkonservativer Kritiker der CDU), *Gerd-Klaus Kaltenbrunner* (gilt allgemein als Konservativer, vertritt aber die Thesen der sog. *Neuen Rechten*), *Wolfgang Strauss, Bernard Willms* (war Ordinarius für Politikwissenschaft in Bochum), *Günter Bartsch, Hans-Dietrich Sander* (Hg. der STAATSBRIEFE, ehem. Chefredakteur der DEUTSCHEN MONATSBLÄTTER), *Franz Uhle-Wettler* (ehem. Kommandant des NATO-Defense College in Rom, Kuratoriumsmitglied der REP-Stiftung *Carl-Schurz*), *Hans-Joachim Arndt* (war Ordinarius für Politikwissenschaft an der Universität Heidelberg, wirbt für ein neues *Nationalbewußtsein*, Mitglied des sogenannten *Deutschlandrates*, Kuratoriumsmitglied der REP-Stiftung *Carl-Schurz*), *Karlheinz Weißmann* (ständiger Mitarbeiter von MUT, seit 1985 im Schuldienst).

CRITICÓN ist in der Grauzone zwischen nationalem Konservatismus und Rechtsextremismus angesiedelt. Das Blatt versteht sich als ein Bollwerk gegen den Liberalismus, sorgt sich um das biologische Potential „unseres Volkes" und will einen Schlußstrich ziehen unter die Zeit des Nationalsozialismus. Deutsche sollen endlich aus dem Schatten Hitlers heraustreten.

Für CRITICÓN schreiben Meinungsführer des Konservatismus und der sog. *Neuen Rechten*. Der Unterschied verwischt sich, denn auch die (nur) als konservativ ausgewiesenen Positionen befinden sich nicht durchgängig in Einklang mit unserer Verfassung. „Das Wesen des Konservatismus" ist der Titel eines Beitrags (Mai/Juni 1990, S. 135–139), dem entnommen werden kann: „Für den Konservativen geht Recht nicht ‚vom Volk aus', sondern es hat seine Quelle in Gott." (S. 136) Im Verlauf der Argumentation wird dann der Reichsgedanke ventiliert und eine hierarchische Ordnung nach der „monarchisch-aristokratisch-ständischen Grundhaltung" zum

Vorbild erhoben. Später fordert der Autor eine „politische Pädagogik", deren „wichtigste Aufgabe" es ist, die „Erziehung und Bildung politischer Eliten" zu leisten (S. 136 u. 137).

In der Bundesrepublik geht laut Verfassung alle Macht vom Volke aus; eine Adelsherrschaft ist weder rational zu begründen noch ist sie durch Wähler-Entscheid politisch legitimiert – sowenig wie der Ständestaat (mit ungleichen Rechten für die Mitglieder verschiedener Stände); jedem Bundesbürger muß vom Prinzip her jeder Bildungsweg offenstehen; die dekretierte Auswahl (nach welchen Kriterien?) und separate Aufzucht späterer Polit-Eliten jedenfalls widerspricht dem verfassungsmäßig vorgesehenen Auswahlmodus. In anderen Beiträgen wird die Gleichberechtigung der Geschlechter und der „zivile Charakter" der Bundesrepublik bekrittelt (S. 133 ff.). CRITICON präsentiert das Programm für eine andere Republik.

Das Blatt empfiehlt die ETAPPE, wirbt für EUROPA VORN, den Grabert- und den Ullstein-Verlag.

DER FACKELTRÄGER. *Für Freiheit, Recht und Ehre. Hilfswerk Manfred Roeder.* Erscheinungsweise: unregelmäßig. Auflage: einige Hundert. Zusammengestellt und herausgegeben von *Traudel Roeder,* Haus Richberg, 3579 Schwarzenborn.

DER FACKELTRÄGER ist seit längerem nicht mehr erschienen. Er diente der psychischen und auch finanziellen Unterstützung des von 1982–1990 wegen verschiedener Sprengstoffanschläge inhaftierten *Manfred Roeder* (siehe nähere Angabe bei der Besprechung des DEUTSCHEN JAHRWEISERS). Die DIN A5-große, rund dreißig Seiten starke Broschüre enthielt Briefe an und von *Manfred Roeder* und Beiträge, die ihn als einen „Helden" und „Märtyrer" feiern. Unter dem Titel „Manfred Roeder: Hero of our Time – The Story of a dissident..." schildert *Norman White* in der Ausgabe 10/1988, S. 11–17, minutiös den durch Kampf geprägten Lebenslauf *Roeders.*

Roeders Freundeskreis wurde im FACKELTRÄGER umfassend informiert: über die finanzielle Situation der Familie, die musikalischen Fortschritte und Berufsziele der Kinder, über Besucher und anderes mehr. Umgekehrt lud Frau Traudel Anhänger *Roeders* zu *Erntearbeiten* ein (selbstgebackener Kuchen winkte als Belohnung) – und natürlich wurde immer wieder um Geld- und Sachspenden gebeten.

In schroffem Gegensatz zu der heilen Familienwelt und der ehrfürchtigen Verbeugung vor bestimmten Traditionen standen aggressive Attacken, die *Roeder* gegen alle Nichtdeutschen und Andersdenkenden ritt. Persönliche Angriffe gehören seit langem zu seinem Repertoire. In der eben genannten Ausgabe gerät Arbeitsminister Blüm ins Schußfeld (S. 6–8), einige Jahre zuvor hatte *Roeder* den damaligen Bundespräsidenten *Walter Scheel* öffentlich zum Zweikampf (!) aufgefordert. Die Haftverschonung *Roeders* – 5 Jahre wurden ihm erlassen – gründet auf der Annahme, daß er künftig auf Gewalt verzichten wird.

DER REPUBLIKANER. *Offizielles Organ der Bundespartei.* Erscheinungsweise: monatlich. Auflage: 85000 (Eigenangabe). 1983 gegründet. REP-Verlags GmbH, Plittersdorfer Straße 91, 5300 Bonn 2. Hg.: *Franz Schönhuber*, Chefredakteur: bis Jan. 1990 *Harald Neubauer* (MdEP), ab Feb. 1990: *Ralph Lorenz.*

Franz Schönhuber, im Nationalsozialismus freiwilliges Mitglied der Waffen-SS, Mitbegründer der Partei *Die Republikaner* (1983). Sein Buch „Ich war dabei" (bei der Waffen-SS), erreichte mittlerweile 11 Auflagen. *Harald Neubauer* war von 1975–1981 Pressesprecher des NPD-Bezirksverbandes München, trat dann den REP bei und schloß sich kürzlich der *Deutschen Liga für Volk und Heimat an. Ralph Lorenz*, ehem. Mitarbeiter von DIE WELT und WESTFALEN-BLATT.

Autoren u.a.: *Hellmut Diwald, Armin Mohler, Günter Willms, Karl Steinbuch, Rolf Schlierer, Otmar Wallner.*

Das REP-Organ hat die Flügelkämpfe in der Partei nebst Verlagswechsel* gut überstanden. Die Querelen in den eigenen Reihen nutzte die Zeitung geschickt, um die rund 12 000 Parteimitglieder für die Parteiführung einzunehmen – mit einigem Erfolg. Bislang konnten weder die Distanz der öffentlichen bzw. etablierten Medien zu den REP noch die Konkurrenz aus dem eigenen Lager *Schönhuber* und seine Partei entscheidend schwächen: „Die Angriffe kommen zu spät", sagt er im REPUBLIKANER, „wir haben kaum einnehmbare Verteidigungslinien aufgebaut..." (8/1989, S. 1). Wie die jüngsten Wahlerfolge zeigen, scheint er recht zu haben. Seit Ende 1992 werden die REP vom Verfassungsschutz observiert.

Die Publikation setzt auf alle gängigen Reizthemen. Vorrang genießt in den letzten Jahren die Ausländer- und Asyldebatte: „Zuzugssperre für Ausländer" (2/90, S. 9), „Asylflut steigt weiter an", „Türkische Schilder in Deutschland" (6/91, S. 5), „Ausländerwahlrecht – nein danke!" (7/91, S. 1), „Wirtschaftsasylanten im Anmarsch" (7/91, S. 2), „Verfehlte Asylpolitik" (8/91, S. 5). Weitere Vorlieben zeigen sich bei den Sparten: Medienmanipulation, Politikskandale, zunehmend auch für Themen wie Ökologie, EG-Verschwendung, Kriminalität. Hier werden auch Passagen direkt aus der BILD-Zeitung übernommen: „Ich habe meine Vergewaltiger gezählt – es waren 19" (8/91, S. 8).

Die Fremdenfeindlichkeit gehört zu den plakativen Merkmalen des REPUBLIKANER. Mehr oder weniger feindosiert finden sich aber auch alle anderen einschlägigen rechtsextremen Themen im offiziellen Parteiorgan: antipolnische, antiamerikanische und antisemitische Attacken, revisionistische Artikel, Relativierung deutscher Kriegsschuld, Medienschelte.

Von strategischem Geschick zeugen dabei vor allem *Schönhubers* Beiträge: „In weiten Teilen der Welt stehen wir nach wie vor am Marterpfahl der Geschichte. Unter dem Motto Vergan-

---

* Bis 1990 erschien DER REPUBLIKANER in der RVG Verlags- und Vertriebs-GmbH, München. Da der Verlag der Deutschen Liga für Volk und Heimat zuneigte, gründeten die Republikaner eine eigene Verlags-GmbH.

genheitsbewältigung verstecken sich nicht selten Erpressungen und wirtschaftliche Nötigung. In manchen Ländern wirft man uns Schuld vor, damit wir ihre Schulden begleichen. Damit muß Schluß sein." (Sonderausgabe zur Landtagswahl in NRW 1990, S. 1)

Wie mit „Schuld" umzugehen sei bzw. wie man den geeigneten Sündenbock findet, demonstriert der Parteivorsitzende in der Ausgabe 2/90, S. 5: „... wenn man uns schon diese Schlammschlacht aufzwängt, so werden wir uns zu wehren wissen! Auch gegen einen Herrn Galinski, der die Geschmacklosigkeit besaß, ausgerechnet in der ‚kommunistischen Prawda', dem Neuen Deutschland, wieder einmal das braune Gespenst an die Wand zu malen. Nicht die Neonazis sind die Gefahr drüben, sondern die Neostasis... Herr Galinski – ich bin alles andere als ein Antisemit, aber hören Sie auf, uns deutsche Patrioten zu verleumden. Sie sind schuld, wenn es den verachtenswerten Antisemitismus wieder geben sollte."

Mit „Vergangenheitsbewältigung" durch Aufrechnung einerseits und Problemverlagerung anderseits – vom Nationalsozialismus ist in den vorhergehenden Sätzen die Rede – geht es auf der Seite 6 weiter: „Wir sind weder NS-Anhänger noch Faschisten, aber wenn heute die Faschisten von den Kommunisten verteufelt werden, so ist dem entgegenzuhalten, daß das faschistische Italien Mussolinis ein wahres Erholungsheim im Vergleich zu dem mörderischen Gulag-System der Sowjetunion unter Stalin und auch noch unter seinen Nachfolgern war."

Schönhubers Versicherungen, kein Antisemit bzw. kein NS-Anhänger zu sein, sind nicht überzeugend. Auch andere Beteuerungen werden durch das „Ja-Aber-Schema" immer wieder verwässert: „Ich bin ein leidenschaftlicher Anhänger der Pressefreiheit, wende mich aber gegen den immer häufiger werdenden Mißbrauch." (2/90, S. 6)

DER REPUBLIKANER wirbt für die STAATSBRIEFE, den Armanen-Verlag, die DEUTSCHE ZEIT, für einschlägige Bücher – von *Irving* über *Mohler* bis *Schönhuber*. Ferner werden Partei-Devotionalien angeboten: „Schlüsselanhänger", „Tischwimpel", „Sonnenschirm", „Krawatten" – dies und anderes natürlich mit REP-Raute. Über den REP-Versand sind auch Video-Kassetten und „Heimatkalender" (Sudetenland, Schlesien, Ostpreußen) zu beziehen. Ferner druckt DER RE-PUBLIKANER Kontakt- und Stellenanzeigen.

DER SCHEINWERFER. *Kritische Beiträge zum Zeitgeschehen in Politik, Kultur, Wirtschaft und Technik.* Erscheinungsweise: monatlich. Auflage: über 1000. Odaldruck, Verlag und Vertrieb, 8634 Rodach-Sülzfeld 14. Hg. und verantw. Redakteur: *Eberhard Hefendehl.*
Ständige Mitarbeiter: *Astrid Witmer, Waltraud Griebler, Hugo Hugin, Siegfried Neubacher, Rolf Otten, Otto R. Braun.*
Autoren u.a.: *E. Kemper, Nikolaus v. Predadovich, Karl Philipp, R. Plewka.* Ein großer Teil der Beiträge ist lediglich mit einem Kürzel gekennzeichnet.

DER SCHEINWERFER ist eindeutig NS-apologetisch, revisionistisch, rassistisch und antisemitisch.
Breite und wiederholte Berichte über das sog. Leuchter-Gutachten, in dem die Morde an Juden durch Gas geleugnet werden, gehören zum Repertoire der Zeitschrift ebenso wie die Belobigung des nationalsozialistischen Erziehungswesens oder die Warnung vor „Rassenmischung". Ferner diffamiert DER SCHEINWERFER Frauen aus der Politik und Menschen anderer Herkunftsländer; besonders Asylbewerber werden verächtlich gemacht, beschimpft und verleumdet. Das Blatt wirbt für für die UNABHÄNGIGEN NACHRICHTEN, den DEUTSCHEN JAHRWEISER oder DIE MEINUNG.
Wenn es heikel wird und strafrechtliche Konsequenzen drohen, begnügt sich DER SCHEINWERFER mit Andeutungen. Da werden (scheinbar von Mitleid gedrängt) mehrfachbehinderte Kinder beschrieben und nur eine Konsequenz suggeriert... (7/8, 1989, S. 3f.) Da berichtet man über jüdische Gebräuche beim Schlachten von Tieren und empfiehlt, Juden die gleiche Behandlung zukommen zu lassen... (ebenda S. 1ff.)

Da wird die Apartheidspolitik als Vorbild für ganz Afrika herausgestellt... (ebenda S. 13f.) und anderes mehr.

DER SCHULUNGSBRIEF. *Das zentrale Schulungsblatt der Aktion sauberes Deutschland (ASD).* Erscheinungsweise: monatlich. Auflage: 100. Eigenvervielfältigung. Hg.: ASD. V. i. S. d. P.: *Christoph Bauer, Michael Heß,* Postf. 2626, 6750 Kaiserslautern.

Der Initiator des SCHULUNGSBRIEFES (SB), *Ernst Tag,* wegen Verbreitung von NS-Propaganda und Aufstachelung zum Rassenhaß mehrfach verurteilt, mußte 1988 wegen Erpressung und Verstoßes gegen das Waffengesetz eine fünfjährige Haftstrafe antreten. *Tag* wird betreut vom *Internationalen Hilfskomitee für nationale politische Verfolgte und deren Angehörige e. V.* (IHV) – ein Konkurrenzunternehmen zu *Kühnens Hilfsorganisation* (HNG).

Autoren: Die Beiträge sind nicht namentlich gekennzeichnet.

Tag und Anhänger agieren in Kaiserslautern und Umgebung mit einiger Militanz. Zu der Gruppe um *Tag* gehört auch der ehemalige FAP-Kandidat *Markus Mössle,* der z. Zt. wegen Bankraubes ebenfalls einsitzt. Eine Reihe von Anklagen und Hausdurchsuchungen verschafft der Gruppe immer wieder Publizität, allerdings nur im pfälzischen Raum.

Unter formalen Gesichtspunkten betrachtet ist der SB wenig professionell gemacht; „mutige Taten" haben Vorrang. Eine Mixtur aus kopierten Zeitungsartikeln, Briefen an die Staatsanwaltschaft Karlsruhe und von dieser, Fotomontagen, handkorrigierten Schreibmaschinentexten, handgeschriebenen Parolen und Überschriften, flüchtigen Skizzen, Stempeln etc. erschwert es dem Uneingeweihten, eine Linie zu finden.

Bezogen auf die ideologischen und sprachlichen Aspekte sieht es anders aus. Die Ausgabe 11/11/100 (im hundertsten Jahr des „Führers"!) beispielsweise betreibt einen unverhohlenen *Hitler*-Kult. Auch mit antisemitischer Propaganda – ein besonders aggressiver Artikel wurde der Zeitschrift DER

SCHEINWERFER entnommen – hält der SB sich nicht zurück. Mit „Heil Kameraden!" beginnt die „ASD, Ortsgruppe Lörrach" den „Leitartikel" auf der ersten Seite und schließt auf der Seite zwanzig mit „Glückwünsche zum 100. Geburtstag" *(Adolf Hitlers)*. Einschlägige Aufkleber und Handzettel – z.B. „ALLE FREMDARBEITER HEIM!" – können in hohen Auflagen für wenig Geld bezogen werden. Als „Organisationsleiter" der *Aktion Lebensborn* suchen *Ernst Tag* und *Christoph Bauer* „gleichgesinnte Deutsche", die gewillt sind, auszuwandern und „in einem südamerikanischen Land" eine deutsche „Kolonie" zu gründen. Dort ist die „Aufzucht vieler deutscher Kinder" eines der herausragenden Ziele, denn, so *Tag*, „unser Volk muß weiterleben" (S. 19).

Tag (Jahrgang 1946) und die Mitglieder seiner Bewegungen *(Grüne Aktion Deutschland „GAD", Bürgerinitiative gegen Pornographie und Sittenverfall, Aktion Sauberes Deutschland „ASD" und andere)* sind nach dem Kriege geboren. Die Ideen des Nationalsozialismus und seine zwölfjährige Realisierung besitzen für diese Gruppe Vorbildcharakter. *Tag* und Kameraden bezeichnen sich selbst als Nationalsozialisten (S. 11); ihre Aktionen sind keine Spontanhandlungen. An dieser Gruppe (und anderen) ließe sich zeigen, daß Versuche, rechtsextreme Erscheinungsformen als „Protestverhalten" oder „Randale" auszugeben, dem Phänomen nicht gerecht werden.

DESG-INFORM. Erscheinungsweise: zehn bis elfmal im Jahr. Auflage: nicht bekannt. Verlag Deutsch-Europäische Studien GmbH, Postfach 11 927, 2000 Hamburg 11. Hg.: Deutsch-Europäische Studiengesellschaft mbH. Redaktion und v.i.S.d.P.: *Hans-Dieter Hansen.*

Autoren: Die Beiträge sind nicht namentlich gekennzeichnet.

Die Zeitschrift bringt Nachrichten aus dem breiten Feld zwischen CDU und rechtsextremen Gruppierungen. Die Meldungen über Veränderungen und Neubildungen im konservativ/rechten Lager sind eine Fundgrube für Interessierte.

Berichte gibt es von Treffen und Publikationen landsmann-schaftlicher Verbindungen, von der Arbeit korporierter Studen-tenverbindungen, von der Euro-Rechten sowie deren Schriften. Unter der Sparte „Ethnopluralismus" wird vornehmlich die La-ge deutschstämmiger Minderheiten in Europa und deren Mög-lichkeit, deutsches Brauchtum zu pflegen, beschrieben (2–3/92: „Kein Geld für Deutsch", „Minderheitenfeindliche Tendenzen in Polen", „Deutschsprachige Zeitungen in Prag", „Deutscher Kindergarten in Iglau"). DESG-INFORM sorgt sich um „Stämme" allgemein – um die Sorben etwa –, deren Kultur durch die Einführung der Wahlfächer Englisch und Französisch gefährdet zu sein scheint. In jeder Ausgabe finden sich auch Informationen über „Neues von links".

DESG-INFORM will Veröffentlichungen und Veranstal-tungshinweise aus dem nationalen deutschen Lager sowie dem europäischen Ausland koordinieren und die Kontaktaufnahme zu Gleichgesinnten erleichtern.

In DESG-INFORM werben: NATION, DAS OSTPREUS-SENBLATT, HUGINN UND MUNINN (Zeitung für „euro-päische" Religion), BUND DEUTSCHER SOLIDARISTEN, JUNGE FREIHEIT, NATION UND EUROPA und der Ver-lag Siegfried Bublies.

DEUTSCHE BÜRGERINITIATIVE *e. V. – weltweit.* Erschei-nungsweise: monatlich. Auflage: einige Hundert. Hg.: *Manfred Roeder*, Haus Richberg, 3579 Schwarzenborn.

In diesem zweiblättrigen Rundbrief veröffentlichen *Roeder* und seine Frau *Traudel* ihre Gedanken zum aktuellen politischen Geschehen und zu geschichtlichen Ereignissen. Ferner berich-ten sie unter „Privates" ausführlich über ihr Familienleben. Be-merkenswert ist, daß *Roeder* auch während seines Gefängnis-aufenthaltes (er saß u. a. wegen mehrerer Sprengstoffanschläge ein) seine Gesinnung nie verbergen mußte. Er wurde nicht dar-an gehindert, von der Zelle aus seine drei Periodika (DEUT-SCHER JAHRWEISER, DER FACKELTRÄGER, DEUT-

SCHE BÜRGERINITIATIVE) oder die verbotene *Christo-phersen*-Broschüre „Die Auschwitz-Lüge" zu vertreiben.

In der DEUTSCHEN BÜRGERINITIATIVE sinniert *Roeder* mit Vorliebe über Traditionen, denen er Maßgeblichkeit zuschreibt. Damit LeserInnen ihn auf keinen Fall mißverstehen, hebt er die in seinen Augen entscheidenden Stellen durch Unterstreichung hervor: „Wie hat man das schöne *Gedicht von Geibel* verspottet, in dem es heißt: ,*Und es mag am deutschen Wesen einmal noch die Welt genesen.*' ... *Unsere Vorfahren verehrten die Sonne,* dafür kannten sie keine Guillotine. Wäre es nicht besser, die Franzosen und alle andern Völker würden unserm Vorbild folgen als wir dem ihren?" (Nr. 6, S. 3)

Die Anordnung der Gedankensplitter bleibt nicht dem Zufall überlassen. Nachdem *Roeder* zwei Seiten lang über *Umweltverschmutzung* klagt, folgt übergangslos: „Ich bin genauso empört und *entsetzt über die Flut von Fremden,* die sich in unser viel zu kleines Land ergießt, über die Anmaßung, mit der diese Fremden hier auftreten oder schwerste Straftaten begehen und unser Volk mit Rauschgift verderben... *Der Asylartikel im Grundgesetz muß ersatzlos gestrichen werden* ... *Vor allem muß mit dem künstlich erzeugten Schuldkomplex aufgeräumt werden.* Das geschieht nicht durch eine Rechtfertigung der Vergangenheit oder Widerlegung von Geschichtslügen, sondern einfach dadurch, daß wir mit der Faust auf den Tisch schlagen..." (Nr. 7, S. 3).

Die DEUTSCHE BÜRGERINITIATIVE ist für Menschen bestimmt, die selten längere Texte lesen. Stich- und schlagwortartig gibt *Roeder* hier vor, wie bestimmte Phänomene zu interpretieren sind. Die ideologische Ausrichtung kommt in den beiden anderen Publikationen (DEUTSCHER JAHRWEISER, DER FACKELTRÄGER), die längere Texte enthalten, deutlicher zum Ausdruck.

DEUTSCHE MONATSHEFTE. *Politischer Zeitspiegel.* Erscheinungsweise: monatlich/bis 12/89. Auflage: 6000. Januar

1990 von NATION UND EUROPA aufgekauft. Türmer Verlag, Gert Sudholt, 8137 Berg/Starnberger See 3. Hg.: *Gert Sudholt.*

Sudholt leitet u. a. den Vowinckel-, Druffel und Türmer-Verlag, Mitgesellschafter der Nation-Europa-Verlags-GmbH, des Hohenstaufen-Verlags und Vorsitzender der *Gesellschaft für freie Publizistik (GfP).*

Von 1984 bis 1986 war *Hans-Dietrich Sander,* Hg. der STAATSBRIEFE, bei DEUTSCHE MONATSHEFTE Chefredakteur.

Autoren u. a.: *Gerd Knabe* (ehem. Offizier der Waffen-SS), *Walter Staffa* (Leiter des DEUTSCHEN SEMINARS), *Emil Schlee* (ehem. Abgeordneter der CDU im hessischen Landtag, dann 2. Bundesvorsitzender der REP, die er mittlerweile verließ), *Jordis von Lohausen* (österreichischer Ex-General, ständiger Mitarbeiter bei den ELEMENTEN, dem Organ des THULE-SEMINARS), *Andreas Mölzer* (Chefredakteur der in Österreich erscheinenden Zeitschrift AULA), *Reinhard Pozorny* (Mitherausgeber der DEUTSCHEN WOCHENZEITUNG, ehem. NS-Gaustellenleiter, Funktionär der Sudetendeutschen Landsmannschaft), *Fritz Hippler* (ehem. HJ-Führer), *Wilfred von Oven* (ehem. Mitarbeiter von Goebbels).

Die Ende 1989 von *Peter Dehoust* für NATION UND EUROPA aufgekaufte Zeitschrift DEUTSCHE MONATSHEFTE ist „1982 aus den 1949 gegründeten Klüter Blättern und dem 1968 gegründeten Politischen Zeitspiegel hervorgegangen" (Impressum). Es ist in der rechten Presselandschaft eine gängige Taktik, alte Inhalte unter neuem Namen zu verkaufen.

Das Blatt führte die ultrarechten Traditionen fort: biologistisch fundierter Rassismus, Antisemitismus, Leugnung des Holocaust und der deutschen Kriegsschuld, aggressiver Anti-Kommunismus, Ausfälle gegenüber Polen, Orientierung am Führerprinzip und an Deutschland in den Grenzen von 1937. Berührungsängste gegenüber NS-Gefolgsleuten oder NS-apologetischen Schriften gab es nie.

Eine Reihe geschäftstüchtiger Aktivitäten um den Türmer-Verlag herum werden in DEUTSCHE MONATSHEFTE deutlich. So warb Türmer dort auch für „Kulturreisen" unter „Gleichgesinnten", und ein Versandbuchhandel erfüllt nahezu alle rechten Wünsche. Für das erfolgreiche Anzapfen von Finanzquellen sowie verlegerische und personelle Zusammenhänge, aber auch für die Vernetzung mit einschlägigen Organisationen und Parteien bildet die Publikation ein erhellendes Beispiel.

DEUTSCHE NATIONALZEITUNG. *Freiheitlich unabhängig überparteilich.* Erscheinungsweise: wöchentlich. Auflage: 130 000 (Eigenangabe). Halbjährlich werden die Zeitungen „DEUTSCHE NATION" und „DEUTSCHE SOLDATEN-ZEITUNG" (DSZ) kostenlos beigelegt. DSZ-Druckschriften-u. Zeitungsverlag, Paosostraße 2, 8000 München 60. Hg.: *Gerhard Frey.* Redaktion: *Bruno Wetzel.*

Frey ist seit 1959 Herausgeber und Chefredakteur der NATIONALZEITUNG. Als Alleininhaber und als Mitgesellschafter von Verlagen, aber auch durch den Aufkauf verschiedener Zeitungen hat Frey großen publizistischen Einfluß. 1971 gründet er die Deutsche Volksunion (DVU) und wird deren Vorsitzender. Im Verlauf seiner publizistischen Tätigkeit hat *Frey* über 120 Strafanträge unbeschadet überstanden.

Zwischen der DEUTSCHEN NATIONALZEITUNG (DNZ), der DEUTSCHEN WOCHENZEITUNG (DWZ) und dem DEUTSCHEN ANZEIGER (DA – 1991 eingestellt), ehemaliges Organ der Deutschen Volksunion (DVU), gab bzw. gibt es eine enge Zusammenarbeit.

Der Verfassungsschutzbericht nennt für 1990 insgesamt eine Auflage von 100 000 Exemplaren.

Autoren u. a.: *Gerhard Frey, Gustav Sichelschmidt, Fritz Hippler, Reinhard Pozorny.*

Das auflagenstärkste Blatt der Rechtsextremen erscheint im 42. Jahr und zeichnet sich durch besondere Aggressivität aus. Mit Rücksicht auf strafrechtliche Folgen werden auffällig gehässige Parolen als Frage formuliert oder als Zitat gekennzeichnet, von dessen Inhalt man später im Text dann abrückt.

Hitler und der 2. Weltkrieg, die sog. Judenfrage, Vaterlandsverräter, die Oder-Neiße-Linie, Ausländer – diese Themen bestimmen über Jahrzehnte die Schlagzeilen. Anfang der 80er Jahre beginnt ein verschärfter Kampf gegen die „Überfremdung" und gegen „Scheinasylanten". Die Vereinigung Deutschlands veranlaßt die DNZ, sich erneut dem deutsch-polnischen Verhältnis zuzuwenden und in die alte Kerbe zu schlagen: „Was will Polen mit deutschem Land?" (Nr. 19/1990, S. 1) Von Geschichtsfälschung ist wieder die Rede und davon, daß die Anerkennung der Oder-Neiße-Linie „völkerrechtswidrig" sei (Nr. 12/1990, S. 2). Deutsch soll es zugehen in den polnischen Westgebieten. In diesem Sinne ist die als Frage verkleidete Forderung zu verstehen, die als Schlagzeile dem Leser ins Auge springt: „Deutschland bald noch größer? – Neue Chance auf Schlesien" (Nr. 42/1990, S. 1).

Geworben wird für: DEUTSCHE WOCHENZEITUNG, den Deutschen Soldaten-Verlag und andere mehr. Der DNZ-Buchdienst bietet Bücher „contra Geschichtslügen" und „Umerziehung" an, nebst HIAG-Kalendern, Karten von Deutschland in den Grenzen von 1937, Videos und Schallplatten („Heino singt das Deutschlandlied in allen drei Strophen"). Stellen- und Lehrstellengesuche werden kostenlos gedruckt. Ferner bringt die DNZ Inserate von nationalgesinnten Vermietern und auch Geschäftsanzeigen.

Seit 40 Jahren gehört die DNZ zu den größten Wochenzeitungen. Dies zahlt sich für *Frey* offensichtlich aus; ein zweistelliger Millionenbetrag ging der DVU allein im letzten Wahlkampf zu. Daß Frey ein offenbar immer noch vorhandenes Bedürfnis nach entlastender Vergangenheitsbewältigung derart versilbern kann, spricht nicht nur für seinen Geschäftssinn, sondern wirft auch ein Licht auf gesellschaftliche Versäumnisse.

DEUTSCHE RUNDSCHAU. Erscheinungsweise: monatlich. Auflage: 50 000 (Eigenangabe). Organ von *Deutsche Liga für*

Volk und Heimat. RVG Verlags- u. Vertriebs GmbH, Seligenthaler Straße 37, Postfach 543, 8300 Landshut. Chefredakteur: *Karl Richter.* Geschäftsführer: *Harald Neubauer, Franz Glasauer.*

Autoren u.a.: *Karl Richter, Johanna Grund, Werner Baumann.*

Die DEUTSCHE RUNDSCHAU (DR) ist hervorgegangen aus der Monatszeitung DER REPUBLIKANER und sollte ursprünglich das Organ der *Deutschen Allianz* werden. Nach einem Gerichtsurteil durfte die rechte Sammlungsbewegung den Namen „Allianz" nicht weiterführen. Vor der geplanten Parteigründung der *Deutschen Allianz* am 3. Oktober 1991 einigte man sich auf einen neuen Namen: *Deutsche Liga für Volk und Heimat.* Den Vorsitz der *Deutschen Liga* führen *Rudolf Kendzia, Harald Neubauer* und *Jürgen Schützinger* – ehemalige NPD- bzw. REP- und DVU-Gefolgsleute. Bekannte Rechtsextreme (z.B. *Dehoust*) halfen, die *Deutsche Liga* zu konstituieren bzw. sind im Vorstand aktiv. So etwa *Martin Mußgnug* (ehem. NPD-Vorsitzender), der die Rechtsabteilung leitet, oder *Walter Seetzen* (ehem. Deutsche Reichspartei, ehem. NPD und Verlagsleiter der DEUTSCHEN STIMME), der für die Bildung von Arbeitskreisen zuständig ist.

Die DR dient den Repräsentanten der *Deutschen Liga* als Forum und ist entsprechend ausgerichtet. Im „Gründungsmanifest" sind die Programmpunkte niedergelegt. Verlangt wird u.a. eine Revidierung der Geschichtsschreibung, abgelehnt wird die multikulturelle Gesellschaft. Es wird eine „Ausländerpolitik geforder, die den ‚berechtigten Schutzinteressen des deutschen Volkes'"* entspricht. Für die DR bringen diese Richtungsvorgaben keine Kursänderung. Bereits die erste Ausgabe im Oktober 90 (nach der Abkehr von den Republikanern) schießt sich auf Ausländer und Asylbewerber ein: „Kein Aus-

---

* Zitiert nach: „Neue rechtsextremistische Partei ‚Deutsche Liga für Volk und Heimat' (deutsche Liga), in: Innere Sicherheit. Informationen des Bundesministers des Innern. Nr. 1 vom 28. Februar 1992, S. 3.

länderwahlrecht!" (S. 1), „Ja zur ‚Festung Europa'" (S. 2), „Die Grenzen dicht!" (S. 3), „Wie fleißig sind Polen?" (S. 7).

Die DR wirbt u. a. für den Grabert- und den Patria-Verlag, für NATION und einschlägige Bücher („Verzicht ist Verrat", „Die Jahrhundertlüge", „Die polnische Legende" etc.). Ferner werden Aufkleber, Runen-Nadeln, Fahnen und Flaggen, Tonkassetten (Original-Aufnahmen von Goebbels und Göring z. B.) und Filme angeboten sowie Wandkarten in den „völkerrechtlich gültigen Grenzen des Deutschen Reiches".

Enttäuschte NPD-, REP- und DVU-Anhänger liefen zur *Deutschen Liga* über, darunter die Mehrzahl der Redaktionsmitglieder der vormaligen REP-Zeitung BERLINER NACHRICHTEN (Chefredakteur *Thorsten Thaler*). *Karl Richter,* der Chefredakteur der DR, ist seit Januar 1992 auch verantwortlicher Chefredakteur bei NATION UND EUROPA, DEUTSCHE MONATSHEFTE. Für die ideologische, organisatorische, personelle und finanzielle Vernetzung der rechtsextremen Szene und deren Presseerzeugnisse liefert die DEUTSCHE RUNDSCHAU ein anschauliches Beispiel.

DEUTSCHE STIMME. *Nationaldemokratische Zeitung.* Erscheinungsweise: monatlich. Auflage: über 190 000 (Eigenangabe über 250 000). Organ der NPD. Verlagsgesellschaft mbH, Rötestraße 4, 7000 Stuttgart 10. Leitung: *Walter Seetzen.* Chefred.: *Karl-Heinz Vorsatz.* Redaktion: *Michael Fiedler, Rüdiger Osten, Hans Weidenbach.*

Seetzen war NPD-Generalsekretär, *Vorsatz* – er starb Sept. 1992 – gehörte dem NPD-Parteipräsidium an. *Fiedler* ist NPD-Funktionär in Niedersachsen, *Weidenbach* NPD-Landesvorsitzender in Bremen.

Autoren: Nur Leserbriefe und Redaktionsmeldungen sind namentlich gekennzeichnet.

Das NPD-Parteiorgan DEUTSCHE STIMME – an Kiosken erhältlich – wird inhaltlich von den NPD-Funktionären bestimmt. Gegen den Chefredakteur und den Chef vom Dienst der DEUTSCHEN STIMME gab es schon mehrfach Ermittlungsverfahren wegen Volksverhetzung nach § 130 StGB.

Breiten Raum nehmen Nachrufe, Ehrungen, Jubiläumsanzeigen, Parteitagsankündigungen, Materialangebote der Bundesgeschäftsstelle, Werbung für NPD-eigene Ferienwohnungen, Spendenaufrufe für die Ost-NPD und Berichte aus den Landesbezirken ein. Die Kommentare der Redaktion zielen in der Hauptsache auf: „Die Wiederherstellung Deutschlands in seinen rechtmäßigen Grenzen", auf die „Richtigstellung der anti-deutschen Propagandalügen" und den sog. „Asylantenbetrug".

Die expansiv nationalistische Ausrichtung der NPD spiegelt sich in Parolen wie „Deutschland ist größer als Bundesrepublik und DDR" und „Die deutschen Provinzen östlich von Oder und Neiße bleiben im Besitz des ganzen deutschen Volkes". Mit Schlagzeilen wie „Stoppt den Asylantenbetrug" oder „Der Asylanten-Skandal" macht das Blatt Stimmung gegen Fremde. Je markiger die Formulierung, desto besser: „Deutschland ist die Heimstatt der Deutschen und nicht die Absteige der Mühseligen und Beladenen aus aller Welt. Wenn Herr Geißler auch den multikulturellen Kuhdreck als deutsche Markenbutter anpreist, werden wir Deutschen diese Kuhfladen doch nicht fressen. Soll Herr Geißler doch als frei gewählter Kaffernhäuptling seine multikulturellen Quatschideen unter die Neger oder sonstwohin bringen, die werden's ihm bestimmt danken ...." (Ausgabe 5/1990) Dieser Leserbrief an eine andere Zeitung gefiel den Redakteuren wohl derart, daß sie ihn für DEUTSCHE STIMME-Leser noch einmal veröffentlichten – eine Methode, wie man Hetze verbreitet, ohne dafür einstehen zu müssen.

DEUTSCHE WOCHENZEITUNG. *Deutsche Nachrichten. Ost-West-Kurier.* Erscheinungsweise: wöchentlich. Auflage: 25000. Seit 1986 in Besitz von *Frey* (s. auch DEUTSCHE NATIONALZEITUNG). DSZ-Druckschriften und Zeitungsverlag GmbH, Paosostraße 2, 8000 München 60. Hg.: *Erich Kernmayr, Reinhard Pozorny, Hans-Joachim Richard.*

Erich Kernmayr, ehem. SS-Untersturmführer und Pressereferent der HIAG, nennt sich auch *E. Kern, Hans-Joachim Richard* (starb im Frühjahr 1991), ehem. Mitglied der Waffen-SS, NPD-Redner, DVU-Funktionär, ehem. Pressereferent des Bundesministers und niedersächsischen Ministerpräsidenten a. D. *Heinrich Hellwege* (der 1979 die CDU verließ).

Zwischen der DEUTSCHEN WOCHENZEITUNG (DWZ), der DEUTSCHEN NATIONALZEITUNG (DNZ) und dem DEUTSCHEN ANZEIGER (DA), ehemaliges Organ der Deutschen Volksunion (DVU), gab bzw. gibt es eine enge Zusammenarbeit. Der DEUTSCHE ANZEIGER wurde 1991 eingestellt.

Autoren u. a.: *Gustav Sichelschmidt, Fritz Hippler, Reinhard Pozorny, Bruno Wetzel, Gerhard Frey jun., Josef Sommerfeld.*

Die DEUTSCHE WOCHENZEITUNG (DWZ) unterscheidet sich nur in der Aufmachung von DEUTSCHE NATIONALZEITUNG (DNZ). Das Programm der DVU und die von *Frey* gegründeten Initiativen geben auch hier die Inhalte vor:
- „Initiative für Ausländerbegrenzung (I. f. A.)" (verteidigt den deutschen Charakter Deutschlands)
- „Ehrenbund Rudel (Gemeinschaft zum Schutz der Frontsoldaten)"
- „Aktion deutsches Radio und Fernsehen (ARF)" (will die Interessen des deutschen Volkes bei diesen Medien durchsetzen)
- „Aktion deutsche Einheit (AKON)" (setzt sich für die Wiedervereinigung Gesamtdeutschlands ein)
- „Deutscher Schutzbund für Volk und Kultur" (kämpft für den Erhalt des Lebens und der Heimat)
- „Volksbewegung für Generalamnestie (VOGA)" (arbeitet für ein Ende der Kriegsverbrecherprozesse gegen Besiegte des II. Weltkrieges).

Daß „Gesamtdeutschland" die Gebiete jenseits von Oder und Neiße umfaßt, die „wahren Schuldigen am Zweiten Weltkrieg" noch gesucht werden und Ausländer unerwünscht sind etc. – dies künden DWZ und DNZ mit einer Stimme.

DEUTSCHER JAHRWEISER. Erscheinungsweise: vierteljährlich. Auflage: einige Tausend. Organ der *Deutschen Bürgerinitiative.* Eigendruck. Hg.: *Manfred Roeder,* Haus Richberg, 3579 Schwarzenborn.

Rechtsanwalt *Roeder,* glühender Verehrer *Adolf Hitlers,* begann seine Gewaltkarriere 1977. 1982 wurde er zu 13 Jahren Haft verurteilt, Anfang 1990 wieder entlassen.

Autoren: Auswahl und Zusammenstellung der Texte: *Manfred Roeder;* Kommentare und Überleitungen werden ebenfalls von ihm verfaßt.

Der DEUTSCHE JAHRWEISER (DJ) ist eine NS-apologetische Propagandaschrift; die bildungsbürgerliche Fassade kann das nicht überdecken. Noch unmittelbar vor seiner Haftentlassung produzierte Roeder eine Reihe von Entgleisungen; darunter: „1945 *Auschwitz* von Russen besetzt ... Den Häftlingen war freigestellt worden, sich verlegen zu lassen oder auf die Russen zu warten. Nur wenige waren geblieben." (DJ, Ausgabe 1/90, S. 19).

Erinnert sei daran, daß Roeder nicht nur Herausgeber der indizierten *Christophersen*-Broschüre „Die Auschwitz-Lüge" ist, sondern daß zu den geahndeten Straftaten auch ein Sprengstoffanschlag auf eine Ausstellung zum Thema Auschwitz gehörte sowie die Rädelsführerschaft in einer terroristischen Vereinigung nebst versuchter Anstiftung zum Mord. Haftverschonung und Haftverschonungsbegründung werfen angesichts der unveränderten Bestrebung Roeders, NS-Geschichtsversionen zu verbreiten, einige Fragen auf.[*]

Werke von Busch, Claudius, Dante, Fichte, Fontane, Erich Fried, Hebbel, Heraklit, Hesse, Hölderlin, Kant, Lessing, Martin Luther, Plutarch, Schiller, Shaw, Tacitus, Trakl und andere mehr dienen Roeder als Steinbruch, aus dem er Sätze entwendet, um seine Ideologiesegmente schöngeistig zu verpacken.

---

[*] Vgl. SÜDDEUTSCHE ZEITUNG vom 24. 1. 1990, S. 6. Hier heißt es: „Nach höchstrichterlicher Entscheidung kann es ‚verantwortet werden zu erproben, ob der Verurteilte außerhalb des Strafvollzuges keine Straftaten mehr begehen wird'."

Wie in einem Kalendarium hebt er „erinnerungswürdige" Daten und Ereignisse hervor und führt eine Reihe von „Gedenktagen" ein. Die jeweilige Auswahl und Kommentierung umreißen seine Weltanschauung:

- „1844 *Friedrich Wilhelm Nietzsche* ... Durch ihn ist eine neue Hoffnung in die Welt gekommen, den Kulturverfall zu überwinden und ein Zeitalter des Willens zu Macht und Gesundheit einzuleiten." (DJ, Ausgabe 4/89, S. 14)
- „1918 *Ausbruch der Revolution,* dt. *Gedenktag*! Ende d. Kaiserreiches. Aber das Reich als solches besteht bis heute fort!" (DJ, Ausgabe 4/89, S. 30)
- „1920 *Verkündung des Programms der NSDAP ...*" (DJ, Ausgabe 1/90, S. 36)
- „1923 *Marsch zur Feldherrnhalle,* bedeutendster Gedenktag des 3. Reiches." (DJ, Ausgabe 4/89, S. 30)
- „1929 *Schwarzer Freitag* ... weltweite Massenarbeitslosigkeit für viele Jahre, zuerst in Deutschland 1933 überwunden, in USA überhaupt nicht. Deshalb brauchte Roosevelt den Krieg." (DJ, Ausgabe 4/89, S. 19)
- „1933 *Adolf Hitler* wird Reichskanzler (Nationaler Gedenktag)." (DJ, Ausgabe 1/90, S. 21)
- „1939 *Reichstagsrede Hitlers* nach dem Polenfeldzug mit großzügigem Friedensangebot. Was hatte Deutschland bis dahin Böses getan, daß man auf nichts einging und es unbedingt vernichten wollte? Man vergleiche die Greuel Stalins und die der anderen in ihren Kolonien! Hitler hatte nichts Vergleichbares getan." (DJ, Ausgabe 4/89, S. 8)
- „1944 *Sowjetische Truppen fallen in Ostpreußen ein* u. begehen unvorstellbare Massenverbrechen. Davor verblaßt alles, was Deutsche je getan haben oder was man ihnen andichtet.
- „1964 *Gründung der NPD* ... Als nationale Alternative von vielen begrüßt ... Scheitert aber bei Bundestagswahl 1969 an der 5%-Klausel knapp. Dadurch verliert CDU die Regierung. Die anti-deutsche Umerziehung nimmt immer krassere Formen an." (DJ, Ausgabe 4/89, S. 40)
- „1985 *Ernst Zündel* in Toronto verurteilt, weil er angeblich eine falsche Darstellung über den sog. Holocaust verbreitet

hat ... Im Osten gibt es bald mehr Meinungsfreiheit als im Westen!" (DJ, Ausgabe 1/90, S. 57)

Biologistisches Denken, dem „Kranke" eine Last sind, NS- und Führerkult, Leugnung der Kriegsschuld und des Holocaust, Relativierung der NS-Verbrechen, großdeutsche Träume, die Gebiete des „Deutschen Reiches" (vor dem 1. Weltkrieg) umfassen, sprechen aus diesen wenigen Aussagen.

DEUTSCHER STANDPUNKT. *Monatszeitung. Sozial, freiheitlich, rechtsstaatlich – deutsch. Zeitung für Deutschland.* Erscheinungsweise: monatlich. Auflage: mehrere Hundert. Organ der „alten FAP". Erscheinungsort: Stuttgart. Der DEUTSCHE STANDPUNKT (DS) ist am Kiosk erhältlich. Hg.: *Martin Pape*, Allgäustraße 22, 7000 Stuttgart 70.

Martin Pape ist Gründer der FAP und war bis 1988 ihr Bundesvorsitzender.

Autoren: Nur Beiträge von *Martin Pape.*

Seit *Pape* das Amt des FAP-Vorsitzenden abgeben mußte, geht er im DS verbal auf Distanz zur NS-Ideologie und lehnt es ab, in einem „NS-Kasperverein" mitzumachen bzw. sich durch die „neue FAP" in einen „antisemitischen Parteikurs einbinden" zu lassen. Wenige Zeilen danach wirft er der NPD und der DVU vor, „Idealisten wie *Zündel* und *Christophersen* und *Walendy* nicht mal durch Zitate" zu unterstützen (vgl. DS Nr. 3/90, S. 3). Diese Männer sind jedoch gerichtsbekannte Hardliner der Alt- und Neonaziszene und schon mehrfach wegen der Verbreitung von NS-Propaganda bzw. -Materialien sowie der Leugnung des Holocaust an Juden verurteilt worden.

Papes Aussagen stehen in Widerspruch zu seiner Selbstpositionierung: Der Verzicht auf die Ostgebiete sei von den USA erzwungen; eine deutsche Kriegsschuld, zumindest eine Alleinschuld gebe es nicht; Frankreich sei unfair, und Holland ein Gurkenland; Polen überschätze sich immer wieder; NSDAP-Mitglieder seien nach dem Kriege nicht demokratisch behandelt worden; 99% der NSDAP-Mitglieder hätten keine Verbrechen begangen; England und die USA hätten sich frivol und arrogant in den Krieg eingemischt; in der Bundesrepublik gebe es keine freien Wahlen (vgl. DS Nr. 4/90 S. 1).

Das Themenspektrum des Buchdienstes ist entsprechend: „Gegen Lügenpolitik und Geschichtsfälschung", „Kameraden bis zum Ende", „SS-Sturmbatallion 500 am Feind", „Die Armee der Geächteten (die SS)", „Feuerzeichen – die Reichskristallnacht", „Endkampf in Afrika", „War Deutschland allein schuld?". Ferner gibt es Abhandlungen über die „primitive Gleichmacherei" und andere beliebte Feind- und Vorbilder.

Der DS nimmt im rechtsextremen Lager nur eine Randstellung ein. Doch aus dem Kreis derer, für die die Aufrechterhaltung von Feindbildern und Ressentiments ein stabilisierendes Moment darstellt, findet Pape nach wie vor seine Leser.

DEUTSCHLAND IN GESCHICHTE UND GEGENWART. *Vierteljahres-Zeitschrift für Kultur-, Geistesgeschichte und Politik.* Erscheinungsweise: vierteljährlich. Auflage: 3000. Grabert-Verlag, Postfach 1629, 7400 Tübingen 1. Hg.: *Wigbert Grabert* (Vater: *Herbert Grabert*). Chefred.: *Wilfred von Oven.*

Von Oven war während der NS-Zeit Mitarbeiter von Goebbels. Er lebt unbehelligt in Argentinien, gibt Interviews etc.

Autoren u. a: *Alain de Benoist, Robert Faurisson, Gerd-Klaus Kaltenbrunner, Rolf Kosiek, Alfred Schickel, Wilhelm Stäglich* (suspendierter Richter, Autor des beschlagnahmten Buches „Der Auschwitz-Mythos").

Den Vorläufer von DEUTSCHLAND IN GESCHICHTE UND GEGENWART (DGG), die DEUTSCHE HOCHSCHULLEHRERZEITUNG, gründet *Herbert Grabert* 1952. 1978 erfolgt die Umbenennung in DGG. Auf den ursprünglichen Rezipientenkreis abgestimmt, gibt sich die DGG in Aufmachung und Vokabular wissenschaftlich. In einem Werbeschreiben heißt es: „Die Autoren, die zu Wort kommen, stellen eine Auslese von Menschen dar, die mit jedem neuen Heft ein Fundament legen, auf dem für die Zukunft gebaut wird." Die

Autoren von DGG bauen dabei weniger an realen Größen als an ultrarechten Fiktionen.

Die DGG ist völkisch und großdeutsch ausgerichtet, schreibt gegen die „Umerziehung" und gegen eine „deutsche Kollektivschuld". Auschwitz ist in diesem Blatt ein „Mythos"; die Existenz der Gaskammern wird infrage gestellt (z. B. in Ausgabe 6/91). Biologistisch ausgerichtete Artikel sollen die Höherwertigkeit des „Nordmenschen" und der „germanischen Rasse" beweisen. Die Beweisführung folgt dann dem bekannten rechtsextremen Muster, wonach auf andere „wissenschaftliche" Publikationen aus dem rechtsextremen Lager verwiesen wird.

DGG wirbt für den Ullstein/Langen Müller-, Grabert-, Türmer-, Hohenrain-Verlag, für die Europa-Buchhandlung, und zwar mit den einschlägigen Publikationen.

DIE AUSSPRACHE. *Mitteilungsblatt des Arbeitskreises unabhängiger Deutscher e. V. – AUD.* Erscheinungsweise: unregelmäßig. Auflage: ca. 2000. Eigenvervielfältigung. Hg. und v. i. S. d. P.: nach dem Tode *Neumanns,* des langjährigen Hg., ab März 1990 *Karl Heinz Reed,* Nastplatz 2, 7000 Stuttgart 50.

Kurt Neumann gründete den *Arbeitskreis Unabhängiger Deutscher e. V.* (AUD) und war auch Vorsitzender. Der AUD engagiert sich verstärkt im Gebiet der ehemaligen DDR.

Autoren: Nur Hinweise des Herausgebers und Leserbriefe sind namentlich gekennzeichnet.

DIE AUSSPRACHE erscheint seit Frühjahr 1992 mit einem verbesserten Layout. In ihren Artikeln (so rhapsodisch sie auch sind) zeugt sie doch von einem Programm: Das „ganze" Deutschland soll es sein!* In Statements zu aktuellen Ereignissen, Aufrufen oder Leserbriefen finden sich Angriffe auf „Verzichtspolitiker" und die „polnische Unrechtsgrenze"; Textpas-

---

* So heißt es in dem Gedicht „Des Deutschen Vaterland" von Ernst Moritz Arndt. DIE AUSSPRACHE hebt den patriotischen Appell Arndts demonstrativ hervor. Vgl. DIE AUSSPRACHE vom Dez. 89, S. 7.

sagen einschlägiger Bücher erinnern an die „geschändete Heimat" und „unterdrückten Deutschen". An Hinweisen auf Schriften, die das „falsche Geschichtsbild" zurechtrücken, fehlt es nicht. Ein Sonderdruck des Revisionistenblatts UN.UNABHÄNGIGE NACHRICHTEN fügt sich ebenso nahtlos ein wie Auszüge von Beiträgen aus der Zeitschrift DEUTSCHE STIMME, dem Parteiorgan der NPD. DIE AUSSPRACHE bewegt sich immer noch auf einem bescheidenen Niveau und agiert mit durchsichtiger Häme. Der stete Angriff auf „Scheinasylanten" mag dennoch Wirkung erzielen.

DIE BAUERNSCHAFT. Erscheinungsweise: vierteljährlich. Auflage: 5000. 1968 gegründet. Hg.: *Th. Christophersen.*

SS-Sonderoffizier *Christophersen* bestreitet in seiner Broschüre „Die Auschwitz-Lüge" die Morde an Juden. Mehrmals stand er wegen Verbreitung von NS-Propaganda bzw. von verfassungswidrigen Symbolen vor Gericht. 1986 entzog er sich einer erneuten Verurteilung durch die Übersiedlung nach Dänemark. *Christophersen* vertreibt nun von dort aus über den Nordwind-Verlag ungehindert seine Publikationen. Er reist auch nach Deutschland ein; im Juli 1991 beantragte er in Baden-Württemberg persönlich einen Paß. Dänische Stellen wurden mittlerweile gebeten, die Papiere wieder einzuziehen.

Autoren u. a: *Johanna Grund, Udo Walendy* (ehem. NPD-Funktionär, Autor und Herausgeber revisionistischer Schriften), *Günter Willms.*

Die Vorderseite der Ausgabe 4/Dezember 1991 zeigt die Reproduktion eines Ölgemäldes, das *Adolf Hitler* 1911 malte. Für *Christophersen* war, ist und bleibt Hitler das Größte, was die Geschichte je hervorgebracht hat. *Christophersen* hält sich bis heute weder an deutsche Gesetze noch an Auflagen der Justiz.

Christophersens dänisches Domizil ist ein Treffpunkt für Alt- und Jungnazis des In- und Auslandes. Umgekehrt trifft *Christophersen* seine Gesinnungsgenossen auch außerhalb Dänemarks – letztens im Elsaß. Die Vernetzung im rechtsextremen

Lager läßt sich anhand der Publizistik belegen.[*] Rechtsbeistand von *Christophersen* ist *Jürgen Rieger* (Redakteur von NEUE ANTHROPOLOGIE), der auch andere namhafte Rechtsextremisten vertritt bzw. vertrat, so *Jürgen Mosler* (DIE NEUE FRONT), *Berthold Dinter* (WEHR' DICH) und *Michael Kühnen* (DIE NEUE FRONT). *Kühnen* und *Dinter* waren in Dänemark bei *Christophersen, Rieger* sowieso. Ferner gibt es Kontakte zu *Udo Walendy* (HISTORISCHE TATSACHEN).

„DIE BAUERNSCHAFT geht in alle Welt" (S. 17), und aus aller Welt kommen Zuschriften von „Patrioten". Dieser Austausch nimmt mehr als die Hälfte des Platzes ein. Da schreibt beispielsweise „Ein Jude aus Flensburg": „Die Nazis haben keine Juden totgemacht. Wer kann das bloß sagen. Die paar Juden die es gab, hatten es gut. Genau mit dem Judenstern. Haben Sie einen Juden damit gesehen? ... Alles Lüge. Hitler war ein Freund der Juden ..." (S. 52). Einige Beiträge zur aktuellen Diskussion („Gedanken über die 'multikulturelle Gesellschaft'", „Eine Botschaft an alle Asylbewerber in Deutschland") sowie Prozeßberichte, Angriffe gegen die Justiz oder einzelne Repräsentanten der Bundesrepublik machen die andere Hälfte aus.

In seltener Offenheit demonstriert das Blatt seine ideologischen Grundlagen. Auf dem hinteren Deckblatt inseriert der Nordland Forlag, Aalborg (Dänemark). Bezogen werden kann hier u.a.: „Das Programm der NSDAP", „SS-Mann und Blutsfrage", „SS-Liederbuch", „Liederbuch der NSDAP", *Hitler:* „Mein Kampf", *Himmler:* „Die Schutzstaffel als antibolschewistische Kampforganisation". Ferner liefert der Verlag Musikkassetten mit Liedern der verschiedenen Freiwilligenverbände der Waffen-SS.

Der Liberty Bell-Verlag, USA, schließt sich an: „Wir spre-

---

[*] In den Zeitschriften finden sich immer wieder Hinweise für diese Treffen, in WEHR' DICH z.B.: „Am 2. und 3. Juli 1990 fand in Kollund – Dänemark – eine Zusammenkunft von internationalen wichtigen Personen statt, an welcher unser Herausgeber – der Kamerad Berthold Dinter – teilgenommen hat. Aus bestimmten Gründen können wir keine Einzelheiten bekanntgeben ..." (8/90, S. 11).

sprechen Adolf Hitler frei", „Warum Arierparagraph", „Von den Juden und ihren Lügen", „Der jüdische Weltvernichtungs- plan", „NS und Rasse", „Der deutsche Staat auf NS-Grundla- ge", „Führerzitate".

Dem folgt der Nordwind Verlag in Kollund (Dänemark): *Goebbels:* „Kampf um Berlin", „Leuchter-Gutachten (deutsch)", *Hoggan:* „Der erzwungene Krieg", *Remer:* „Kriegshetze gegen Deutschland", *Irving:* „Führer und Reichs- kanzler", „*Adolf Hitlers* Reden bis 1924". Nordwind bietet „Die Auschwitz-Lüge" auch als Videofilm an. Ferner Abzei- chen und Fahnen aus der NS-Zeit, Anstecknadeln mit Haken- kreuz, SS-Runen, SA-Abzeichen, Armbinden mit Hakenkreuz, Reichsfahne 3. Reich. Der NORDWIND-Verlag schickt auch DIE BAUERNSCHAFT nach Deutschland.

Der COURRIER DU CONTINENT, Lausanne (Schweiz), gibt an, keine verbotenen Bücher zu kennen. Gegen Vorkasse auf ein Postgirokonto in Stuttgart erhält man: *Amaudruz:* „Ist Rassebewußtsein verwerflich?", *Christophersen:* „Die Ausch- witz-Lüge, *Stäglich:* „Der Auschwitz-Mythos".

Geworben wird auch für die Schriftenreihe KRITIK. Hier präsentiert *Christophersen* eine Liste verbotener Bücher: „Be- schlagnahmt, Eingezogen, Verboten". Andere KRITIK-Fol- gen: *Christophersen:* „Die Auschwitz-Lüge", *Stäglich:* „Die Westdeutsche Justiz und die sog. NS-Gewaltverbrechen", *Fau- risson:* „Affaire Faurisson", *Zündel:* „Es ist vollbracht. Das En- de einer Legende" (für den Deutsch-Kanadier Zündel herbeige- führt vom Leuchter-Gutachten, durch das angeblich „bewie- sen" worden sein soll, daß es aus technischen Gründen keine Ermordung von Juden durch Gas gegeben haben könne).

DIE MEINUNG. *Freie Zeitung für freie Leser.* Erscheinungs- weise: unregelmäßig. Auflage: einige Hundert. Eigendruck und -vertrieb. Hg.: *Bernd Uwe Hubmann.* Redaktionsanschrift: Postfach 110964, 8900 Augsburg.

Autoren: nicht ausgewiesen.

Auf dem ornamentverzierten Deckblatt der Zeitschrift DIE MEINUNG prangen sowohl Reichsadler und Krone als auch das Bildnis Bismarcks.

Die Ankündigung für die Ausgabe 19, März/April 1990 warnt: „Vorsicht – Das Lesen dieser Ausgabe kann bei linksgestrickten Zeitgenossen zum Herzstillstand führen." Doch auch im eigenen Lager werden Rüffel verteilt. Der NPD wirft man vor, sich in „Mitteldeutschland" als „Wendehals" aufzuführen, und den Republikanern kreidet das Blatt den Verzicht auf die „deutschen Ostgebiete" an: DIE MEINUNG spricht von Deutschland in den Grenzen vor 1919.

Die meisten Kommentare der MEINUNG sind pampig und lassen auf Lust an Provokationen schließen. Gezielte und sich wiederholende Anfeindungen – antisemitische Ausfälle etwa – zeugen jedoch von Programm und Methode.

DIE NEUE FRONT. Erscheinungsweise: monatlich. Auflage: mehrere Hundert (letzte Ausgabe unter Kühnens Regie: Dezember 1990; seit 7/92 erscheinen unprofessionell gemachte Ausgaben). Kontaktanschrift: Postbus 44, NL-9730, AB Delfzyl, Niederlande. Hg.: Gesinnungsgemeinschaft der Neuen Front (GdNF), anonymes Redaktionssekretariat in den Niederlanden.

Michael Kühnen, ehem. Bundeswehrleutnant, mehrfach wegen nationalsozialistischer Propaganda verurteilt und inhaftiert, gründet 1977 den *SA-Sturm* und noch im selben Jahr die *Aktionsfront Nationaler Sozialisten (ANS).* Nach dem Zusammenschluß mit den *Nationalen Aktivisten (ANS/NA)* im Jahre 1983 erfolgt das Verbot der Organisation wegen Verfassungswidrigkeit. *Kühnen* gründet daraufhin die *„Bewegung",* deren Mitglieder erfolgreich die *Freiheitliche Arbeiter Partei (FAP)* unterwandern. Die Zielsetzungen der *Bewegung* lassen sich an den verschiedenen Aktionsgruppennamen ablesen. Da ist z.B. das „Komitee zur Vorbereitung der Feierlichkeiten zum 100. Geburtstag Adolf Hitlers", die „Antizionistische Aktion", das „Antikommunistische Aktionsbündnis" oder die „Volksbewegung gegen Überfremdung". Eine Kampagne gegen Homosexuelle minimiert *Kühnens* Einfluß auf die FAP. Er gründet die *Nationale Sammlung,* die 1989 ebenfalls verboten wird, und anschließend die *Deutsche Alternative. Kühnen* stirbt im Frühjahr 1991 an Aids. Ein Nachfolger konnte sich bislang nicht etablieren.

Autoren: Die Beiträge sind nicht namentlich gekennzeichnet.

DIE NEUE FRONT verbreitet das Programm der *„Bewegung",* die sich als legale Nachfolgerin der SA (Sturmabteilung) sieht. Das Blatt arbeitet konspirativ; die Redaktion bleibt anonym, Zuschriften, Berichte, finanzielle Zuwendungen, Bestellungen gehen über Kontaktadressen in den Niederlanden.

Auf der Innenseite des Deckblatts einer jeden Ausgabe heißt es: „Die Gesinnungsgemeinschaft der NEUEN FRONT (kurz: die NEUE FRONT – NF) ist eine Gemeinschaft von überzeugten und bekennenden Nationalsozialisten, die die Überwindung des NS-Verbots und die Neugründung der NATIONAL-SOZIALISTISCHEN DEUTSCHEN ARBEITERPARTEI (NSDAP) als legale Partei erstrebt. Die Gesinnungsgemeinschaft der NEUEN FRONT steht in der Tradition der SA und des revolutionären Flügels der historischen NSDAP; im Geiste *Ernst Röhms* erstrebt sie eine nationalsozialistische „Zweite Revolution", in *Adolf Hitler* sieht sie den Zeitenwender, die Heilsgestalt der arischen Rasse und den deutschen Nationalhelden."

Mit Hilfe der *NSDAP* sollen vor allem das „Weltjudentum", die „Rotfront", der „Kapitalismus" und mit ihm die *Dekadenzerscheinung* „Demokratie" niedergerungen werden. Nach dem nationalsozialistischen Vorbild gliedert *Kühnen* seine Gesinnungs- und Aktionseinheiten in GAUE: „ANS-GAU Niederlande", „ANS-GAU Flandern", „GAU Groß-Berlin", „GAU Brandenburg", „GAU Nordmark", „GAU Hamburg", „GAU Bremen", „GAU Niedersachsen", „GAU Ostwestfalen-Lippe", „Rhein-GAU", „Ruhr-GAU", „GAU Rheinland-Pfalz", „GAU Hessen", „Saar-GAU", „GAU Schwaben", „GAU Franken", „GAU Bayern" oder „GAU Wien" u. a.

Das gesamte NEUE-FRONT-Netzwerk bekennt sich zu den nationalsozialistischen Grundsätzen. Dazu gehört u. a. auch, gehorsam bis zum Tod zu sein.* Zu den *Kühnen* nahen, teils von ihm gegründeten Organisationen gehören: *Nationale Liste (NL) Hamburg, Nationale Alternative (NA) Berlin, Deutsche Alternative (DA) [in Bremen gegründet, später aber vor allem in den neuen Bundesländern erfolgreich], Nationale Offensive (NO)**, Freiheitliche Deutsche Arbeiterpartei (FAP), Nationalistische Front (NF), HNG e. V., Ruhrfront.* Auch in der *NSDAP/AO,* Stützpunkt Deutschland, gehörte *Kühnen* zum Führungskader.

In Reminiszenz an *Hitlers* Geburtsjahr werden die Nummern der Zeitschrift im 100., 101. oder 102. Jahr des „Führers" gezählt. Überall finden sich Durchhalteparolen: „Niemals werden wir uns beugen", „Eine mutige Tat ist mehr wert als tausend tapfere Gedanken!", „Kampf und Sieg", „Schlagt die Linken, wo ihr sie trefft", „Nieder mit Rotfront und Reaktion", „Spendet! Damit wir standhalten können", „Wir kämpfen! Und Du?", „Deutschland erwacht", „Der größte Lump im ganzen Land das ist und bleibt der Denunziant!", „Mit Michael Kühnen zur zweiten Revolution", „Gegen Kommunismus, Kapitalismus, Ausländerflut". Unterstrichen werden diese Slogans häufig durch rassistische und antisemitische Karikaturen.

Dem Selbstverständnis nach ist DIE NEUE FRONT kein Theorieorgan, sondern das schriftliche Zeugnis der Aktivisten. Berichte von den Aktionen aus den verschiedenen *GAUEN* nehmen von daher einen großen Raum ein. Sie sorgen für den Kommunikationsfluß bzw. für den Zusammenhalt der Gruppe. Als stabilisierendes Moment ist auch die Ehrung *verdienter Kameraden* zu werten. Das Blatt gibt Termine bekannt, ruft beispielsweise zur Teilnahme am *Rudolf-Heß*-Marsch auf oder meldet Auftritte und „Inspektionsbesuche" von Führungskadern. Traditionelle Querelen – etwa mit der FAP – werden

---

* Vgl. hierzu auch den in beinahe allen europäischen Fernsehanstalten ausgestrahlten Film „Wahrheit macht frei" über die Ziele und Aktivitäten der Kühnen-Connections.
** Die *Deutsche Alternative (DA)* wurde am 10. 12. und die *Nationale Offensive (NO)* am 22. 12. 1992 verboten.

gepflegt und juristische Siege gefeiert. Kopien von Kommentaren der „Systempresse" über neonazistische Aktivitäten sind über das ganze Blatt verstreut. DIE NEUE FRONT rühmt *Saddam Hussein* als einen Helden der Araber und bezeichnet das *Anne-Frank*-Tagebuch als Fälschung. Seit der deutschen Einigung berichtet DIE NEUE FRONT regelmäßig über „Erfolge" in den neuen Bundesländern.

Die NEUE FRONT wirbt für die Mitgliedschaft in *Vorfeldorganisationen*. Ferner für die *Deutsche Frauenfront* und deren Organ DIE KAMPFGEFÄHRTIN (inzwischen eingestellt). Sie druckt Auszüge aus der Zeitschrift SCHULUNGSBRIEF ab, bietet antisemitische und fremdenfeindliche Aufkleber der US-amerikanischen *NSDAP/AO* an, wirbt für die *Volkstreue Außerparlamentarische Opposition* in Salzburg bzw. Wien und die *Nationaldemokratische Partei Deutschlands (NPD)*.

ELEMENTE *der Metapolitik zur europäischen Neugeburt.* Erscheinungsweise: zweimal jährlich. Auflage: unbekannt. 1980 gegründet. Verlag und Redaktion, Postfach 410403, 3500 Kassel 41. Hg.: Thule Seminar. Leitung u. V.i.S.d.P: *Pierre Krebs.*

Ständige Mitarbeiter u.a.: *Alain de Benoist, Guilleaume Faye, Robert Hepp, Jordis von Lohausen, Michael Walker.* Gerngesehene Autorin ist *Sigrid Hunke.*

ELEMENTE ist das Organ des 1980 gegründeten *Thule-Seminars – Forschungs- und Lehrgemeinschaft für die indoeuropäische Kultur e.V.*[*] Die Themen der ca. 50 Seiten umfassenden Hefte: *Geistiges und kulturelles Erbe Europas, Metapolitik und kulturelle Revolution, Ideologien, Religionen, Metaphysik und*

---

[*] Schon in der Weimarer Zeit gab sich eine rassistische Organisation (Germanenorden) den Namen Thule-Gesellschaft. Ihr gehörten u.a. *Alfred Rosenberg* und *Rudolf Heß* an. Vgl. u.a. den Bericht über das Thule-Seminar von *Anton Maegerle,* „Die neue, alte Rechte: Das „Thule-Seminar" und seine Stellung im rechtsextremen Netz in der Bundesrepublik Deutschland", in: ASTA-AntiFA-Info 2/91, Universität Dortmund, S. 4–11.

Kultur, Philosophische Lehrgebäude, Musik, Literatur, Aktivitäten der Neuen Kultur in Europa, Rezensionen.

Thule-Seminar und ELEMENTE wollen „konsequent und entschlossen:

– die sogenannte transatlantische Wertegemeinschaft angreifen
– eine heidnisch-metaphysische Alternative zum Judäo-Christentum erarbeiten
– sich zum europäischen Rassenbewußtsein bekennen und es mit den Mitteln der modernen Wissenschaft erforschen und begründen
– sich der Geschichte der Vergangenheit stellen, ohne sie bewältigen zu wollen" – so heißt es in wünschenswerter Klarheit in dem Begleitschreiben zur Zeitschrift.

Die Initiatoren[*] und Förderer des *Thule-Seminars* lassen sich ihre Zeitschrift etwas kosten. Das Blatt ist edel aufgemacht; beste Papierqualität nebst Hochglanzeinband und Graphiken befriedigen ästhetische Bedürfnisse. Weniger vornehm geht es bisweilen bei den Inhalten zu. In der Ausgabe Nr. 4/1990 (S. 69–74) z. B. fingiert *Guillaume Faye* ein „*Interview*" mit dem Erreger der Immunschwächekrankheit AIDS und schöpft dabei gleich kübelweise aus der Schlammgrube. Er beginnt unmittelbar mit Unterstellungen:

– „*Besitzen Sie bestimmte Personalien, also ein Geburtsdatum und einen Geburtsort?*"
– „Ich wurde 1975 in Äquatorialafrika geboren, als Produkt des zoophilen Verkehrs zwischen Zairern und grünen Affen. Meine erste Bewußtwerdung, ein einsichtiges und intelligentes Wesen zu sein, geht auf jenen unvergeßlichen Augenblick zurück, in dem ich plötzlich im Lymphozytensystem eines afrikanischen Arbeitslosen erwacht bin." (S. 69).

Zur rhetorischen Höchstform läuft *Faye* auf, wenn er sich der Sphäre unterhalb der Gürtellinie nähert. Keine Sexualpraktik, keine Schlüpfrigkeit bleibt da unerwähnt. (Vgl. S. 72 f.)

---

[*] Gründungsmitglieder des Thule-Seminars sind u. a. *Pierre Krebs, Wigbert* und *Marieluise Grabert, Hans-Michael Fiedler* und *Hans-Günter Grimm.*

Thule-Seminaristen möchten die weltanschauliche Vorherr-schaft erringen. Von daher ist es die Aufgabe der Zeitschrift, „Ideen darzulegen, die morgen das Gesicht Europas und der Welt verändern können." (Aus der Ankündigung zur Ausgabe 1, Winter 1985/86.) Ihre Chance, bei den Grundüberzeugungen eine massenhafte Umorientierung herbeizuführen, schätzen die Thuleoten derzeit wohl selbst als gering ein. „Metapolitik"[*] ist deshalb angesagt, und das meint: „Kulturkampf". In den Publi-kationen „Metapolitik im ideologischen Kampf" (*Guillaume Faye*) und „Strategie der Kulturellen Revolution" (*Pierre Krebs*) sind diese Gedanken dargelegt.

In der Thule-Welt geben Mystik, Mythen und Naturreligio-nen germanisch/nordischer Abkunft das eine, Rassismus und Antisemitismus das andere Standbein ab. Für alle hier genann-ten Kulturbausteine ist der *biologistische* Denkansatz[**] konsti-tutiv.

ELEMENTE wirbt für den *Ariadne Buch- und Kunstversand des Thule-Seminars e. V.* sowie für die *Thule-Bibliothek* und bietet *Heidnische Kunst* an. Ferner wird für NOUVELLE-

---

[*] Metapolitik (meta = über) ist in einer Sphäre angesiedelt, die der Politik „über" bzw. vorgeordnet wird und Realpolitik steuern soll. Die Rede ist hier vom Reich der Überlieferungen, Mythen und Weltdeutungsmuster. Wie irrationale Momente aktiviert und genutzt werden können, haben Deutsche in der jüngeren Geschichte ausreichend demonstriert.

[**] Die biologistische Argumentation impliziert einen Kategorienfehler: Aus dem, was ist, folgt nicht, was sein soll. Die bloße Beobachtung, daß der Stärkere sich durchsetzt, enthält noch keine normative Komponente, wo-nach der Stärkere sich auch durchsetzen soll. Das aber wird vorausgesetzt und zum Beweis der Richtigkeit dieser Behauptung das faktische Domi-nanzverhalten in der Tierwelt und unter Menschen angeführt: Die Gen-struktur des weißen Mannes ist besser, weil er dominiert; weil der Weiße dominiert, ist seine Genstruktur besser. Diese teils zirkuläre, teils tautologi-sche Argumentation wird nur noch durch Immunisierungsversuche inner-halb des biologistischen Lagers überboten – in Abhandlungen über die „Biologie des Werturteils" etwa. Dort setzt die „Natur" nicht nur die Maß-stäbe, nach denen Menschen unabdingbar zu urteilen haben, sondern sie legt bereits die konkreten Inhalte der Urteile fest. Wer davon abweicht, verhält sich nicht der „Artung" gemäß, ist also „ab-artig", moralisch min-derwertig oder krank.

ECOLE, ELEMENTS, LE PARTISAN EUROPEEN, L'UO-
MO LIBERO, THE SCORPION, DER NATIONALREVO-
LUTIONAER und PEN TUISKO geworben.

ETAPPE. Erscheinungsweise: 3 x jährlich. Auflage: nicht bekannt. Eigendruck, Zentralanschrift: Postfach 300344, 5300
Bonn 3. V. i. S. d. P. und Hg.: *Heinz-Theo Homann.*
  Autoren u. a.: *Erwin Keil, Roman Schnur, Heinz-Theo Homann, Günter Maschke, Reinhold Oberlercher, Alvaro d'Ors.*

Hinter der Frontlinie, in der sicheren ETAPPE, empfiehlt sich
eine Gruppe fundamentalistischer Nationalisten der rechten
Szene als Avantgarde. Die Autoren absolvierten ein gediegenes
Bildungsprogramm, verfügen über formale Kompetenzen und
haben teils *akademische Weihen* – keine Zukurzgekommenen
also. Was in den Abhandlungen, Kritiken, Zeitanalysen und
Kommentaren so wissenschaftlich gewandet daherkommt,
zeugt zwar von eingehender Kenntnis eines hochspezialisierten
Begriffsapparates (der geisteswissenschaftlichen Disziplinen),
dient aber nicht der Vermehrung von Wissen, sondern der Wiederherstellung eines vordemokratischen Nationalstaates.
  Die Autoren der ETAPPE schreiben für Multiplikatoren aus
den Upper-Classes bzw. für solche, die gern dazu gehören
möchten. Das Vorbild mag Frankreich sein, wo die sogenannte
Neue Rechte in erster Linie gut ausgebildete Jünglinge („Mai-
den" verständlicherweise weniger) erreicht, die sich von den
ständestaatlichen Reminiszenzen der *Neuen Rechten* angespro-
chen fühlen. Das nationalistische Programm stellt hier wie dort
eine hierarchische Gesellschaftsordnung in Aussicht. Die Attacken rechter Prominenz gegen die *„primitive Gleichmacherei"* sind von daher konsequent.
  Der entscheidende Unterschied zwischen vordemokrati-
schem und demokratischem Programm liegt in der Herleitung
und Begründung des Staates einerseits und der Rechenschafts-
pflicht derer, die ein Regierungsamt übernehmen, andererseits.
Im Verfassungsstaat ist die Rechtsposition des einzelnen gegen-

über dem Staat also gestärkt. Die Autoren der ETAPPE möchten zu vordemokratischen Verhältnissen zurückkehren und fordern einen unbeschränkt mächtigen Staat. Daß das Programm massenhaft überzeugen könnte, glauben nicht einmal Nationalisten. Denn wie man es geltend macht, darüber besteht kaum Zweifel: „Am Beginn der Nationwerdung steht häufig der Bürgerkrieg; wenig spricht dafür, daß am Beginn ihrer Wiedergewinnung etwas anderes stehen könnte; da der größte Feind der Nation ein Teil ihrer selbst ist ..." (ETAPPE, 4/89, S. 92).

Was ETAPPEN-Chef *Homann* an unserer Gesellschaft stört, ist vor allem der Verlust von „objektiven Wahrheiten" und das Fehlen „transsubjektiver Verbindlichkeiten", wie sie ein absolut-gesetzter Staat – notfalls mit Gewalt – eben stiften könnte. Worauf ein solcher Staat sich gründen solle, sagt Homann nicht. Nur indirekt finden sich Hinweise. Seiner Meinung nach ist es beispielsweise ein Verhängnis, daß religiöse „Objektivität (Institutionen, Dogma, Liturgie, Ämter) und subjektive Religiosität (spirituelle Erfahrung, gelebter Glaubensvollzug) sich voneinander ab(lösen) ... Mythen, Ideen und Utopien, Moralismen und historisch-regional-traditional vermittelte Identitätsmuster werden zu Placebos, zu bloßen Schein-Heilmitteln, die nur dann ‚wirken', wenn der Patient an sie glaubt ..." (ETAPPE 4/89, S. 26 u. 28). Kontrastprogramm zu Homanns Gegenwartsanalyse ist die mittelalterliche Ordnung, die alles Denken und Handeln und natürlich auch das, was als Wahrheit zu gelten hatte, festschrieb.

Es kann nicht allein die Frage sein, ob es wünschenswert wäre, in den Besitz objektiver Wahrheit zu gelangen. Hierauf ließe sich durchaus sagen: ja natürlich – vieles wäre einfacher. Der ersten hat sich die zweite Frage unweigerlich anzuschließen, nämlich ob uns Menschen Objektivität im absoluten Sinne überhaupt möglich ist bzw. ob unsere Verstandeskräfte ausreichen, absolute Wahrheiten zu erkennen. Denn ist das nicht der Fall, bleiben jene Wünsche auf immer nur Wünsche. Und alle Aussagen, die beanspruchen, absolut objektiv oder wahr zu sein, zeugen dann lediglich von Anmaßung.

Der ehemalige Theologe *Homann* greift geschickt auf religiöse Kategorien bzw. auf Archetypen der Religionen zurück. Hier ist der Stratege und Psychologe am Werk. Es gibt keinen Hinweis darauf, daß der frühere Ordensnovize, der später Marxist wurde und heute als „rechter Rechter" den „weltanschaulich unneutralen Multiplikator" (Eigencharakterisierung – ETAPPE 4/89, S. 25) abgibt, noch Anhänger irgendeiner Religion ist – es sei denn, man wertet seinen Nationalismus als eine solche. Die Religionsschiene ist aber deshalb interessant, weil sie Menschen geneigt macht, vermeidbare Miseren weiter zu akzeptieren und die Realisierung des Wunsches nach Verbesserungen noch einmal hinauszuschieben; die Langlebigkeit von Religionen verdankt sich nicht zuletzt dem Umstand, daß sie ihre Heilsversprechungen auf Erden nie einlösen müssen.

Homann preist das Autoritätsprinzip als Garanten der Ordnung, um dann festzustellen: jetzt herrscht das Chaos. Ist der Untergang des (Abend-)Landes ausgemalt, richtet sich der Blick auf Zukünftiges: *Visionen* braucht der Mensch, etwa eine von der Ankunft des Nationalstaates. Neben Apokalypse und Heilsvisionen findet sich auch das *Moses-Motiv:* „die Errettung aus der Knechtschaft", das sich – wie praktisch – auf alle Gegner anwenden läßt (vgl. ETAPPE 4/89, S. 25–31).

Die ETAPPE gilt als neurechtes Organ. Sie transportiert aber das Gedankengut der Altrechten. Auf nur dreieinhalb Seiten (Zitate, Kommentare, Aphorismen) bringt z.B. ETAPPEN-Autor *Günter Maschke* (ehemals Linker, nun zur rechten Weltanschauung konvertiert) zur Sprache: Die Verweichlichung der Jugend und deren Hang zur Wehrdienstverweigerung aus Bequemlichkeitsgründen, politische Reflexionen über den Feind und das Autoritätsprinzip, die Gebärfunktion der Frau als deren einzige Aufgabe, einschlägige Namen wie *Carl Schmitt* (s. zu AFP-INFORMATION), das Bedauern, daß die Kirche den „Antisemitismus beiseitegeschoben" hat und sich zu „einem sentimentalen Sozial- und Menschenrechts-Verein" gewandelt habe, Beispiele für „bedeutende ... Intentionen *Hitlers*" und anderes mehr (ETAPPE 4/89, S. 130–133).

Die Neurechten der ETAPPE nutzen moderne Propaganda-techniken wie die Nationalsozialisten. Daneben gibt es jedoch Elemente, die von verkrusteten Denkgewohnheiten zeugen – von den Inhalten ganz zu schweigen. Die Larmoyanz, in die vor allem der Wanderer zwischen den Weltanschauungen, ETAPPEN-Chef-*Homann*, angesichts des Verlustes metaphysischer Sicher-heiten verfällt, spricht von der Weigerung, sich mit einer säkula-ren Welt bzw. mit begrenzten Wahrheiten und Unbestimmthei-ten zu arrangieren. Es wäre noch zu prüfen, ob sich dahinter nur ideologische Schachzüge verbergen oder ob sich hier die recht-skonservative bzw. rechtsextremistische Gefühlswelt offenbart.

EUROPA. NATIONALEUROPÄISCHES FORUM. Das Blatt änderte seinen Namen 1990 in **EUROPA. BERICHTE ZUR ZEITENWENDE.** Erscheinungsweise: vierteljährlich. Auflage 3500 (Eigenangabe). Nach erneuter Namensänderung: **ZEI-TENWENDE. DEUTSCHE BAUSTEINE.** Verlag: Anneliese Thomas, Postfach 1616, 5047 Wesseling. Hg.: Nationaleuropäi-sches Jugendwerk e. V., Mannheim. Redaktion: *Harald Tho-mas*.

Autoren u. a.: *Reinhold Oberlercher, Sigrid Hunke, Gerd-Klaus Kaltenbrunner, Heinrich Lummer* (CDU, MdB, ehem. Innensenator von Berlin), *Wolfgang Strauss, Thor von Wald-stein, Reinhard Pozorny, Werner Olles* (Redakteur bei WIR SELBST), *Walter Staffa, Michael Walker* (Hg. der Zeitschrift THE SCORPION), *Peter Glotz* (SPD), *Harald Thomas* (Hg. der EUROPA-Nachfolge-Zeitschrift ZEITENWENDE), *Ernst Anrich* (Gründer des NS-Studentenbundes), *Klaus Hor-nung* (Prof. für Politikwissenschaft an der Universität Stuttgart-Hohenheim), *Martin Pabst, Emil Schlee.*

Bei EUROPA. NATIONALEUROPÄISCHES FORUM bzw. EUROPA. BERICHTE ZUR ZEITENWENDE steht die „nationale Frage" im Zentrum des Interesses – revisionisti-sche Anklänge und großdeutsche Träume eingeschlossen. Der Autorenkreis umfaßt sowohl bekannte Rechtsextreme wie *An-*

rich, Pozorny, Strauss oder *von Waldstein* als auch Alibi-Linke wie *Glotz*. Das edel aufgemachte Magazin möchte Grundsatzfragen aus Politik und Geschichte thematisieren.

Der geänderte Name: EUROPA. BERICHTE ZUR ZEITENWENDE steht für das Programm des Blattes. Es geht um die Herbeiführung einer „Wende", nämlich um die „Wiederherstellung und Neuordnung der europäischen Mitte. Nach den Ereignissen des Jahres 1989 (Vereinigung Deutschlands, A. L.) stehen wir nicht am Ende, sondern am Beginn einer revolutionären Umgestaltung. Sie möglichst ohne Schaden in das bestehende Nachkriegssystem einbinden zu wollen, wird sich als untauglicher Versuch erweisen. Die Deutschen bleiben aufgefordert, ihre revolutionäre Aufgabe zu vollenden, und stehen dabei im Zentrum eines neu entstehenden Mitteleuropa ..." *Martin Pabst,* „Die revolutionären Traditionen", Ausgabe 2/90, S. 5–6).

Wiederhergestellt werden soll ein neues „Großdeutschland", dem in Europa die Führungsrolle zugedacht ist; die Liebe zu Europa in Teilen des rechten Lagers ist hierin begründet. Um dies zu verwirklichen, muß das Nachkriegssystem erst einmal geändert werden; bei vordemokratischen Traditionen – Monarchie, Ständestaat und Diktatur gehören zu den bekannten Spielarten – möchte man Anleihen machen. Die gegenteiligen Bekenntnisse auf der Innenseite des Deckblattes einer jeden Ausgabe sind mit den Inhalten der Beiträge nicht zur Deckung zu bringen. Mit ihren großdeutschen Visionen unterscheidet sich EUROPA. BERICHTE ZUR ZEITENWENDE nicht von eindeutig rechtsextremen Publikationen, die lediglich etwas direkter sind. So z.B. die Zeitschrift NATION UND EUROPA (NE), die sich ebenfalls der „europäischen Neuordnung" widmet: „Deutschland allein" – so meinte der Herausgeber von NE, *Dehoust,* in der Ausgabe 10/90, S. 4 – „könnte weiteren Identitätsverlust der europäischen Völker aus der Fülle seines Stammestums und seiner geschichtlichen Wurzeln im Mythos verhindern – aber nur, wenn es den ersten Schritt zu seiner Neuschöpfung vom 3. Oktober (Deutsche Einheit, A. L.) in eine Wiedergeburt geopolitischen Denkens und Handelns umzusetzen versteht."

Geworben wird für die Verlage Hohenrein, Straube, Grabert, Armanen, Ullstein/Langen Müller, Heitz & Höffkes, den Buchversand *Anneliese Thomas,* die Zeitschriften JUNGES FORUM, EUROPA VORN. In einer Zeitschriftenschau werden die Inhalte rechter Publikationen näher vorgestellt. So von: FRAGMENTE, ETAPPE, EUROPA VORN, JUNGE FREIHEIT, NA KLAR, SÜDAFRIKA JOURNAL, THE SCORPION.

EUROPA VORN. Erscheinungsweise: bis 1989 vierteljährlich, ab 1990 zweimonatlich, ab 1991 monatlich, mittlerweile 14-tägig. Auflage: 15000. Seit Mai 1990 mit dem BADISCHEN LANDBOTEN vereinigt. Hg. u. v.i.S.d.P.: *Manfred Rouhs.* Redaktion: *Marcus Bauer, Thorsten Paproth, Manfred Rouhs, Wolfgang Strauss, Hans Rustemeyer.*

Manfred Rouhs war Vorsitzender der *Jungen Nationaldemokraten* (NRW), vertrat dann die Republikaner im Kölner Stadtparlament und gehört nun zur DL. *Thorsten Paproth* war Kreisvorsitzender der NPD in Konstanz, später REP-Anhänger.

Autoren u.a.: *Hellmut Diwald, Herbert Hupka, Reinhold Oberlercher, Emil Schlee, Thor von Waldstein, Karl Spiess, Armin Mohler, Wolfgang Strauss, Bernhard Willms, Günter Willms, Marcus Bauer, Thorsten Thaler, Gustav Sichelschmidt.*

Interviews: *Hans-Helmuth Knütter* (Prof. Univ. Bonn), *Franz Uhle-Wettler, Elmar Schmähling, Peter Frisch* (Vizepräsident des Bundesamtes für Verfassungsschutz), *Alain de Benoist.*

Die Vereinigung von EUROPA VORN (EV) mit dem BADISCHEN LANDBOTEN im Mai 1990 sollte ein „Zeichen setzen für die vielen übrigen Einzelkämpfer an der Front der heimattreuen Publizistik" (EV, Januar/90, S. 3). Seit es die UdSSR nicht mehr gibt, hat diese Front einen erstaunlichen Verlauf genommen. *Thorsten Paproth* z.B. (ehem. Hg. des BADISCHEN LANDBOTEN), der sich kürzlich in Schlesien angesiedelt hat, ist dort am Aufbau eines (volkstreuen) deutschsprachigen Radiosenders beteiligt, und EUROPA VORN wird neuerdings in der Ukraine gedruckt: Die Euro-Rechte versucht – und wie es scheint, mit Erfolg –, das ideologische Vakuum in Osteuropa zu füllen und „Ersatzidentitäten" anzubieten. Stützpunkte, von denen die Missionierung ausgehen soll, sind jedenfalls schon längst errichtet.

EV war zunächst als Republikaner-Blatt projektiert und sollte ein Baustein auf dem Weg zur *Intellektualisierung* und *Erneuerung* der deutschen Rechten sein. Orientiert an der französischen *Nouvelle Droite* gelang es den Zeitungsmachern auch, rechte Akademiker wie *Diwald, Willms, Oberlercher* oder *Schlee* zu verpflichten und im eigenen Lager ein beachtliches Renommee zu gewinnen. Aber damit sind die Versprechungen noch nicht eingelöst. Neuerungen gibt es wohl im Bereich der Logistik. Was die Programmatik und deren Fundierung angeht, trifft man auf altbekannte Muster. Darüber täuschen auch elegante Formulierungen nicht hinweg. Man spricht von der Wiedergewinnung „nationaler Identitäten" – das Ziel, einen Nationalstaat zu errichten, bleibt bestehen, und damit die verengte Sichtweise. Daß „Lehrsätze" wie: „Ein Volk ist eine Abstammungs-, Kultur- und Sprachgemeinschaft und wird durch den Willen zu gemeinsamer Staatlichkeit zur Nation" (Januar/90, S. 4) keine *Erkenntnisse* sind, sondern beliebige Definitionen, denen jederzeit von jedermann andere entgegengestellt werden können, wird unterschlagen. Auch Positionen wie: „Nein zur westlichen Wertegemeinschaft" und „Ja zum Reichsgedanken" (Januar/90, S. 6f.) erfordern weniger Intelligenz als vielmehr Glaubensstärke. Professioneller geben sich da schon erprobte Strategen wie *Alain de Benoist.* Er ist in der Regel nur auf der Ebene der Voraussetzungen angreifbar, etwa wenn er sich für die Separierung der Kulturen und Völker ausspricht (Ethnopluralismuskonzept) oder „das liberale System" als „überholt" bezeichnet (März 90, S. 7ff.) Klärungsbedarf besteht in erster Linie nicht, weil *de Benoist* jener Überzeugung ist – was wurde nicht schon alles gedacht –, sondern deshalb, weil er für seine Meinung a) mehr als nur subjektive Geltung beansprucht und

b) bei der Durchsetzung dieser Position demokratische Legitimierungsverfahren unterlaufen möchte. Historisch ist dem entgegenzuhalten: Der Bürgerstaat ist das Ergebnis der erfolgreichen Abwehr totalitärer Herrschaftsansprüche, die rational nicht mehr gerechtfertigt werden konnten. Souverän wurde der Bürger, der den Amtsträgern ein Mandat auf Zeit verlieh. Wer den Menschen erneut einen nicht-demokratischen Staat schmackhaft machen will, wer Meinungs-, Presse-, Wahl- und Glaubensfreiheiten einschränken und Entscheidungen einer nationalgesinnten Elite überlassen möchte, der wäre den auf diese Weise *Entrechteten* zumindest eine *intelligente* Begründung schuldig. Mehr als Behauptungen und Verweise auf Vorbilder aus der Weimarer Zeit (etwa *Carl Schmitt* und *Moeller van den Bruck*) gibt es bislang nicht.

Bis Ende 1990 warb EUROPA VORN für: BADISCHER LANDBOTE, FRAGMENTE, JUNGE FREIHEIT, die Burschenschaft Danubia, den Verlag Heitz & Höffkes. 1991 beschränkte EUROPA VORN sich dann auf einschlägige Buchankündigungen. Neuerdings gibt es wieder Zeitschriftenwerbung – z.B. für NATION UND EUROPA und DEUTSCHE RUNDSCHAU.

FRAGMENTE. *Das konservative Kulturmagazin.* Erscheinungsweise: 3 x jährlich. Auflage: nicht bekannt. 1989 gegründet, seit längerem nicht erschienen. Vertrieb und Schriftltg: *Wolfgang Fenske*, Am Forstacker 29, 1000 Berlin 20. Hg.: Redaktionsgemeinschaft GbR: *Guido Fehling, Stefan Grotewohl, Olaf Schröder, Andreas u. Carsten Rentzing.*

Wolfgang Fenske war Mitglied der Jungen Union (JU) und wechselte später zu den Republikanern (REP).

Gastredakteure u.a.: *Ursula Besser, Walter Becher* (im Nationalsozialismus engagierter Redakteur bei einer NSDAP-nahen Zeitung, gelangte 1965 über die CSU-Landesliste in den Bundestag), *Rüdiger Pohl.*

Interviews u.a.: *Ernst Nolte, Wolfgang Venohr.*

Das konservative Theorie- und Kulturmagazin FRAGMENTE unterstreicht sein Programm auch optisch: Jede Ausgabe – fünfzig bis sechzig Seiten stark – schmückt der gekrönte Reichsadler.

In einem Werbebrief von 1989, dem Jahr der Zeitungsgründung, erläutert Schriftleiter *Wolfgang Fenske* das Selbstverständnis des Blattes: FRAGMENTE verstehe sich als „Forum zur Erörterung geschichtlicher, philosophischer sowie kultureller Themen". Man versuche, „wenigstens fragmentarisch Lösungswege aus der entstandenen Krise aufzuzeigen". Diese „geistig-kulturelle reactio" versteht *Fenske* als einen Vorgang der „Intellektualisierung des Konservatismus", der die Herstellung eines „geschlossene(n), konkurrenzfähige(n) Weltbild(es)" begünstige.

Der *Konservatismus* der FRAGMENTE-Autoren beschränkt sich nicht auf den Habitus des *Bewahrens* schlechthin; es gibt Präferenzen. Im Rahmen einer Interpretation zum Verhältnis von „Protestantismus und Konservatismus" gibt *Carsten Rentzing* preis, welche Gesellschaft und welche Staatsform denn erhalten oder gar wiederherzustellen und welche zu überwinden sei. Das legt der Autor implizit dar, wenn er am Beispiel der *Fehlentwicklung* des Protestantismus seit Luther die *Moderne schlechthin* als Malaise deutet. (Nr. 8/1991 S. 18–27)

Das „Erscheinungsbild des heutigen Protestantismus (hängt) nicht so sehr mit den theoretischen Grundlagen der lutherischen Reformation zusammen, als vielmehr mit der Aufnahme fremden, nämlich aufklärerisch-profanen ... Gedankengutes". (Ebenda, S. 26) Von aufklärerischem Denken war Luther in der Tat weit entfernt. Hielt dieser – *Rentzing* zufolge – noch an der „vertikalen" Weltsicht fest bzw. forderte die bedingungslose Befolgung des Willens Gottes, notfalls auch „Gehorsam bis zum Martyrium" zu üben, so – *Rentzing* weiter – entwickelte die Aufklärung „eine konsequent egalitäre Weltsicht", die nicht mehr Gott, sondern den Menschen zum Ausgangspunkt ihrer Betrachtung nahm. Das „Absolute" wurde so der „Relativität" preisgegeben und entsprechend in „Relation" zum Menschen gesetzt. (Vgl. ebenda, S. 22 ff.)

Aber nicht nur in der Rückkehr zur *unverfälschten Glau-*
benshaltung sehen die Autoren von FRAGMENTE ein Mittel,
alte Wertvorstellungen und überkommene Gesellschaftsstruk-
turen zu reaktivieren. Auch durch die „Wiederherstellung eines
Deutschen Nationalstaates" könnte für sie die Gefahr gebannt
werden, die durch „aufgeklärte Geister" heraufbeschworen
wird. (Vgl. 3/89 S. 22) Bei der verbalen Restitution eines „natio-
nal-konservativen" Reiches fehlt auch die Vokabel „Bürgerkrieg" nicht. (Vgl. ebenda, S. 21) Beiträge wie: *„Deutschland,*
Polen und der 1. September 1939" (3/89), „Um des Reiches wil-
len" (3/89), „1932 – Das Reich contra Preußen" (7/91), „Kein
Volk kann seiner Geographie, seiner Geschichte und Größe ent-
laufen" (Interview mit Wolfgang Venohr, 8/91) sind in diesem
Zusammenhang aufschlußreich.

Die Liebe zu vormodernen Gesellschaftsmodellen oder „ge-
schlossenen Weltbildern" wird von handfesten Interessen ge-
nährt. Wer Denkfreiheit und rationale Prüfungen bekrittelt, In-
stanzen mit Absolutheitsanspruch den Vorrang vor demokratischen Institutionen und Verfahren gibt, der sieht sich selbst an
der Spitze hierarchisch geordneter Wunschgesellschaften po-
stiert. Man(n) selbst fühlt sich nicht behaftet mit der *Schwäche*
derjenigen, über deren Köpfe hinweg man gerne Politik machen
möchte; man(n) gehört zur *Elite* und nicht zur führungsbedürf-
tigen Masse! Gewiß, man braucht die Zustimmung der Masse –
zumindest solange, bis sie sich freiwillig in die Arme der Über-
väter geworfen hat. FRAGMENTE liefert das Rüstzeug für
selbsternannte Führungseliten.

Für FRAGMENTE werben u.a. EUROPA. NATIONAL-
EUROPÄISCHES FORUM und EUROPA VORN. FRAG-
MENTE bringt seinerseits Werbeanzeigen für EUROPA
VORN und EUROPA. NATIONALEUROPÄISCHES FO-
RUM. Geworben wird ferner für den Aktionskreis für das
Werk Richard Wagners e.V., die Akademische Druck- und
Verlagsanstalt aus Graz, den Grabert- und den Akademie Ver-
lag aus Berlin, den Arndt-Verlag aus Kiel, die Burschenschaft
Danubia, den Coburger Convent (studentische Verbindung der
Landsmannschaften an deutschen Hochschulen). Die Buchver-

lage Ullstein/Langen Müller sind mit einer Reihe von Büchern vertreten – auch mit *Armin Mohlers* „Der Nasenring". Duncker & Humblot wirbt für eine Publikation von *Carl Schmitt,* die Patria-Versand GmbH für die Deutsche Reichskriegsflagge, Reichsdienstflagge und Reichs-Fahne. Das katholische Hilfswerk Misereor startet in den FRAGMENTEN seine „Aktion gegen Hunger und Krankheit in der Welt".

HUTTENBRIEFE *für Volkstum, Kultur, Wahrheit und Recht.* Erscheinungsweise: zweimonatlich. Auflage: einige Hundert. 1982 vom „Freundeskreis Ulrich von Hutten e.V.", Starnberg, gegründet. Schriftleitung: *Lisbeth Grolitsch.*

Lisbeth Grolitsch ist Präsidentin der Deutschen Kulturgemeinschaft (DKG) in Österreich.

Autoren u.a.: *Karl Baßler* (veröffentlichte u.a.: „Rassenmischung ist Völkermord"), *Lothar Greil* (SS-Untersturmführer, ehem. Bundesgeschäftsführer der HIAG), *Heinrich Härtle* (ehem. Sekretär des Reichsministers Rosenberg), *Emil Maier-Dorn* (Mitbegründer der NPD), *Wilfred von Oven, Karl Balzer, Albert Wachter.*

Der Humanist Ulrich von Hutten (1488–1523) ist Mitverfasser der sog. „Dunkelmännerbriefe" (Epistolae obscurorum virorum) gegen die Sermones verschiedener Scholastiker, die den Menschen das Hirn vernebelten.

Für die Autoren der HUTTENBRIEFE ist das (eigene) Volk der „höchste Wert". Sie verschreiben sich der „geschichtlichen Wahrheit", das meint hier: ihrer mit dem Etikett Wahrheit behängten Vorstellungswelt. Sog. *Richtigstellungen der Geschichte* finden sich nahezu in jeder Ausgabe. „Das Wannsee-Protokoll, die Fälschung des Jahrhunderts" heißt ein Beitrag in der Ausgabe 12/91 (S. 9–10), in dem belegt werden soll, daß es keinen Befehl zur „Endlösung der Judenfrage" gegeben habe.

Immer wieder bemüht sich das Blatt, völkische und rassistische Positionen *wissenschaftlich zu begründen*. Mehr noch, die eigenen Ansätze werden als die einzig möglichen ausgegeben:

„Wer in dieser Diskussion die Artdifferenzierung beim Menschen leugnet, leugnet das Naturgesetz, der leugnet alle Erkenntnis der biologischen Naturwissenschaften, die Erkenntnisse der Molekularbiologie, der Vererbungswissenschaft (Ge-
netik), der Verhaltensforschung, der leugnet das jahrtau-
sendealte Wissen, das sich in unserer germanisch-deutschen
Kultur ausspricht, der leugnet die Evidenz, d.h. das augen-
scheinlich Offenkundige. Wer so leugnet, ist entweder ein
Ignorant, ein Dummkopf oder ein ideologischer Betrüger, also
ein Vertreter sinnloser Ungeistkonstruktionen, die sich nicht
an der Wirklichkeit der Natur orientieren, er ist ein unsittli-
cher Mensch, weil er sich nicht um die Wahrheit bemüht."
(12/91, S. 5f.)

Die HUTTENBRIEFE kündigen einschlägige Schriften an.
Der Aufsatz „Die Beschäftigungspolitik im Dritten Reich" von
Herbert Schweiger kann angefordert werden. Die letzten Buchbesprechungen: „Ami go Home", „Die amerikanische Zumu-
tung".

JUNGE FREIHEIT. *Deutsche Zeitung für Politik und Kultur.*
Erscheinungsweise: zunächst zweimonatlich, ab 1991 monat-
lich. Auflage: 35000. Seit Frühjahr 1991 ist das 1986 gegründete
Blatt auch im Zeitschriftenhandel erhältlich. Im Frühjahr 1992
übernimmt es die Abonnenten der eingestellten BERLINER
NACHRICHTEN. Verlag Dieter Stein, Kirchzarten. Hg.:
Förderverein zur Wiedervereinigung Deutschlands. Unitas
Germanica. Chefredakteur: *Dieter Stein.* Sammelanschrift:
Postfach 147, 7801 Stegen/Freiburg.

Redaktion: *Marcus Bauer, Raimo Benger, Alexander Mar-
witz, Boris Rupp, Marcus Zehme, Andreas Molau, Thilo M.
Stratmann, Thomas Tomecko, Hans-Ulrich Kopp* (Burschen-
schaftler und Gründungsmitglied des REP-Hochschulverban-
des RHV), *Götz Meidinger* (Vorsitzender des Fördervereins
zur Wiedervereinigung Deutschlands. Unitas Germanica, Ulm.
Der Verein ist als gemeinnützig anerkannt.), *Alfred Schickel,
Carsten Pagel.*

Interviews u.a. *Manfred Ritter* (ehem. Landesanwalt beim Amtsgericht Ansbach), *Franz Schönhuber, Günter Rohrmoser, Harald Neubauer, Eike Hennig, Martin Mußgnug, Carsten Pagel, Bernhard Friedmann* (CDU-MdB), *Renate Hellwig* (CDU-MdB), *Eduard Lintner* (deutschlandpolitischer Sprecher der CDU/CSU-Fraktion), *Klaus Hornung.*

Autoren: Die meisten Redaktionsmitglieder sind auch mit Beiträgen vertreten. Für die JF schreiben ferner: *Thorsten Thaler, Jutta Winkler, Siegfried Kilchberger, Peter Boßdorf* (stellv. Vors. des „Gesamtdeutschen Studentenverbandes") u.a.

Die JUNGE FREIHEIT (JF) gilt als Sammelbecken der sog. *Neuen Rechten.* Lob gibt es für das Blatt aus konservativen und dezidiert rechten Kreisen: von *Rohrmoser* über *Mechtersheimer* bis zu *Mohler* und *Benoist.* Die Außenwirkung und das Selbstverständnis stimmen überein: Die JF „möchte ein möglichst breites Spektrum von konservativen Autoren widerspiegeln", dabei sind sich „Nationalrevolutionäre, Konservative, Nationale … in der antiliberalistischen Kritik einig …".* Kritisiert wird z.B.: der angeblich herrschende „Egalitarismus", die „Utopie der Brüderlichkeit", „fehlende Eindeutigkeiten" im pluralistischen Deutschland, die „Kompromißmeierei", der „Identitätsverlust Europas" und die „One-World-Idee". Stark macht sich die JF für gegensätzliche Vorstellungen. Contra Gleichberechtigung: Menschen sind ungleichwertig; contra Pluralismus: eindeutige Ordnungen sind vorzugeben und Meinungs- und Glaubensfreiheit aufzuheben; contra multikulturelle Gesellschaft: Europa muß sich abschotten bzw. Menschen anderer Herkunft ausweisen.

Daß Positionen, aus denen heraus gefordert wird, Grundrechte wie die Meinungsfreiheit einzuschränken, nicht bevorzugt in den öffentlichen Medien vertreten werden, werten Interviewpartner in der JF als Indiz für „fehlende Liberalität" (die ja gerade abgeschafft werden soll) und umgekehrt den Erhalt

---

* So hieß es auf dem 1. Kongreß der „Initiative Deutschland '90", der von WIR SELBST, von EUROPA und der JUNGEN FREIHEIT am 3.11. 1990 in Koblenz ausgerichtet wurde.

der pluralen Meinungsvielfalt als „Gleichschaltung der Medien" (siehe Interview mit Prof. Dr. *Carl Zimmerer,* „Die westdeutsche Mediokratie ist mir zuwider", 3/90, S. 3).

Die JF sollte Medium und Beispiel für die „Intellektualisierung" der REP werden. Man kann der JF-Redaktion zwar nicht die Professionalität absprechen; schon ihr Geschick, finanzstarke Unternehmen für Werbeanzeigen zu gewinnen („Coca-Cola" und „Philip Morris" z.B.), spricht dafür und auch, daß mehrheitlich Autoren schreiben, die den Ton „gebildeter Kreise" zu treffen verstehen.

Doch durch ihre Anbindung an weltanschaulich fixierte Gruppierungen und ein dementsprechend eingeengtes Themenspektrum bleibt die JF ein Tendenzblatt und erteilt somit der Rationalität eine Absage.

Die JUNGE FREIHEIT pflegt enge Verbindungen zur Burschenschaft Danubia, die in der JF wirbt. Ferner gibt es Anzeigen für den BADISCHEN LANDBOTEN, den Armanen-, Ursprung-, Grabert- und den Hohenrain-Verlag, den Bund Heimattreuer Jugend, den Schutzbund für das Deutsche Volk; für NATION UND EUROPA, DESG-INFORM, für die STAATSBRIEFE, ETAPPE und andere. Berührungsängste zu Ultrarechten scheint es nicht zu geben. Politisch Andersdenkende kommen nur dann zu Wort, wenn es nützlich ist. Wenn gar ein „Linker" im Verlauf eines Interviews fallen läßt, er habe „Antifaschismus immer für Quatsch gehalten" (siehe Interview mit Prof. *Eike Hennig,* „Die ‚Linke' und die Nation", 6/89, S. 6), dann ist das für die JF ein Anlaß, Sonderdrucke aufzulegen.

JUNGES FORUM. Erscheinungsweise: zweimonatlich. Auflage: ca. 2000. Verlag Deutsch-Europäischer Studien GmbH, Postfach 111927, 2000 Hamburg 11. V.i.S.d.P.: *Heinz-Dieter Hansen.*

Autoren u. a.: *Reinhold Oberlercher, Wolfgang Strauss, Karlheinz Weißmann, Klaus Hornung, Gerd-Klaus Kaltenbrunner, Peter Bahn, Robert Steuckers, Lothar Penz, Rolf Kosiek, Henning Eichberg, Hrvoje Lorkovic.*

JUNGES FORUM erscheint seit 1964. Das DIN A5 große Blatt hat einen durchschnittlichen Umfang von zwanzig Seiten und soll von jungen Kadern gelesen werden. Die Artikel stammen mehrheitlich von Wortführern der sog. *Neuen Rechten* und befassen sich mit *Grundsatzfragen*. Offene Hetztiraden finden sich in den Beiträgen nicht; der Versuch, kein NS-Image aufkommen zu lassen und von simpler Parolenpolitik abzurücken, ist unübersehbar. In dieser Hinsicht hat das Attribut „neu" seine Berechtigung, von den Inhalten kann dies nicht gesagt werden.

Die verbale Anlehnung an Veröffentlichungen – auch wenn diese mit den eigenen Positionen nicht in Deckung zu bringen sind – läßt Aussagen als Teil eines wissenschaftlichen bzw. demokratischen Diskurses erscheinen. In seinem Beitrag „Ethik der Gene" greift *Hrvoje Lorkovic* beispielsweise im Herbst 1990 (Nr. 5–6, S. 3–11) Gedanken von *Hans Mohr*** auf, um für eigene Positionen überhaupt eine Diskussionsbasis im Akzeptanzbereich zu schaffen. Andernfalls würde sein biologistischer Ansatz und dessen ideologische Verortung unmittelbar ins Blickfeld rücken. *Lorkovic* übernimmt, was der eigenen Konsolidierung nützt und schlachtet vermeintliche Schwächen bei *Mohr* aus, um die überwiegende Auffassung von Moral ad absurdum zu führen. Und so ganz nebenbei vermittelt er, daß Krieg eine positive Größe ist, wogegen Versuche, kriegerischen Konflikten entgegenzuwirken, unter „Friedenspropaganda" (S. 6) bzw. „Anti-Kriegskampagnen" (S. 8) firmieren. Moral ist hier – wieder mit diffusen Verweisen auf *Mohr* – „keine Moral der ganzen Menschheit ... ‚Du sollst nicht töten' bezieht sich auf den ‚Nächsten', und das ist nur ein Mitglied des (jeweils) auserwählten Volkes, die anderen werden kaum als Menschen anerkannt" (S. 10).

Die Veröffentlichungen von *Mohr* stehen hier nicht zur Debatte. Für *Lorkovic* sind sie nur das Vehikel, durch das der

---

* Zwei Beiträge werden genannt: *Hans Mohr,* „Natur und Moral", (Darmstadt 1987) und derselbe, „Wie können wir die Moral der Gene zurückdrängen? Sterben, Leben, Überleben – Gedanken zur Zukunft der Menschheit", in: DIE WELT, Oktober 1987.

geltende Moralbegriff und seine konstitutiven Momente zum Urheber ungelöster Menschheitsprobleme abgestempelt werden sollen (z. B. Ernährungsprobleme angesichts des Bevölkerungswachstums, S. 8/9). Unausgesprochen bleibt, daß das, was im Alltagsverständnis und im wissenschaftlich-systematischen Sinne den Inhalt des Begriffs von Moral und moralischem Handeln ausmacht, durch den Biologismus gänzlich aufgehoben wird. Das Festhalten an Kategorien wie Ethik und Moral ist von daher als Mittel zu werten, bei potentiellen Anhängern Schwellenängste zu senken.

Die Kulturleistung Moral – seit alters her und auch dem gängigen Verständnis nach untrennbar verbunden mit der Fähigkeit, eigene Neigungen hintanzustellen und Einsichten zu entsprechen bzw. vernünftige Regeln aufzustellen und einzuhalten – will *Lorkovic* ersetzt sehen durch inhaltliche Vorgaben der Gene, denen Menschen zu folgen haben.

Der Autorenkreis spiegelt das programmatische Kontinuum der Zeitschrift, und Werbeanzeigen werfen ein Licht auf bestehende Kontakte: Da veröffentlichen die UN.UNABHÄNGIGE NACHRICHTEN ihren „Stundenplan", d. h. Titel von Sonderdrucken, die als „Ersatz" für „verfälschte Schulbücher" angeboten werden (z. B.: „Kriegsschuld – Die unbewältigte Gegenwart" oder „Die Reichskristallnacht"). Ebenso wirbt der mittlerweile mit EUROPA VORN fusionierte BADISCHE LANDBOTE. JUNGES FORUM unterhält einen Buchdienst, in dem u. a. Bücher von *Armin Mohler* („Der Nasenring – Im Dickicht der Vergangenheitsbewältigung" oder „Liberalenbeschimpfung") vertrieben werden.

KLARTEXT. Erscheinungsweise: unregelmäßig. Auflage: mehrere Tausend. Organ der *Nationalistischen Front* (NF). Bezug: Klartext, Postfach 2106, 4936 Augustdorf. V.i.S.d.P.: *Uli Hamanich* (Deckname), Bleichstraße 143, 4800 Bielefeld.

Autoren: Keine Angaben. – Nach längerem Stillschweigen will das „überparteiliche" Blatt nun wieder *Klartext* reden. Die

Publikation stand zunächst der NPD nahe, bis *Meinolf Schönborn* – ehemals Mitglied des NPD-Landesvorstandes NRW – das Amt des Generalsekretärs der *Nationalistischen Front* übernahm (Nov. 1992 verboten). Die Bundesanwaltschaft ermittelt gegen Schönborn, und die NF trennt sich von ihm. Sein Nachfolger: *Siegfried Pohl.* Interessant sind die Vernetzungen. Im April '91 trat Rechtsanwalt *Jürgen Rieger* von der *Gesellschaft für biologische Anthropologie Eugenik und Verhaltensforschung* beim Bundestreffen der NF als Redner auf. Mittlerweile wird er ihr zugerechnet.

Deutschland, das ist für Klartext-Schreiber ein Deutschland *vor* dem Ersten Weltkrieg: Österreich gehört ebenso dazu wie die „ostdeutschen" Gebiete Ostpreußen, Pommern, Schlesien und das Sudetenland. Aber damit ist noch keine volle Befriedigung erreicht. Als „von Feindstaaten 1919 annektiert" gelten Gebiete um Bozen (Italien), Straßburg (Frankreich), Kattowitz sowie ganz Posen (Polen) und Bereiche im heutigen Belgien. (KLARTEXT Nr. 21, S. 4 und 5) Wie das Titelbild dieser Ausgabe – ein keulenschwingender Germane – es schon verspricht, geht es auf den Innenseiten „Schlag auf Schlag" gegen „Geschichtslügen", „Umerziehung", „das rote Lumpenpack", „den Verzicht auf die deutschen Ostgebiete" und anderes mehr. Mit offener Ausländerfeindlichkeit und ungeschminktem Revisionismus bemüht KLARTEXT sich um die „Schaffung eines politischen Klimas im nationalistischen Sinne".

Die Zeitschrift enthält Faltblätter der *Nationalistischen Front* und bietet den Verkauf einschlägiger Plakate, Aufkleber, Buttons, Fahnen und Publikationen an, z.B. den „Wehrwolf – Winke für Jagdeinheiten", der die „Grundregeln des Partisanenkampfes aufzeigt".

KOMMENTARE ZUM ZEITGESCHEHEN. Erscheinungsweise: mindestens 12 × im Jahr. Auflage: nicht bekannt. Medieninhaber: Alois und Mathilde Wolf, Webgasse 11/9b, A-1060 Wien, Österreich. Hg.: Arbeitsgemeinschaft für demokratische Politik (AFP). Schriftltg: *Konrad Windisch.* Vertretung in Deutschland: *Karin* u. *Alfred E. Manke,* „Deutsches Arbeitszentrum", Postf. 1228, 2830 Bassum – Dimhausen.

Autoren: Die Beiträge in den KOMMENTAREN werden überwiegend von *Konrad Windisch* zusammengestellt.

Die KOMMENTARE ZUM ZEITGESCHEHEN sind eng mit den AFP-INFORMATIONEN der *Arbeitsgemeinschaft für demokratische Politik (AFP)* verbunden. Über die AFP werden vielfältige Kontakte zur deutschen Rechten geknüpft. Außerdem gibt es für die österreichische Publikation eine bundesrepublikanische Vertretung (siehe oben).

Das DIN A4-große Doppelblatt gibt sich offen antisemitisch und rassistisch. Ein völkischer Nationalismus gehört ebenso zum Programm wie die Hatz auf alle Andersdenkenden. Das geschieht beinahe ausschließlich in Form von Zitaten.

Längere Beiträge sind der Schrift als lose Blätter beigefügt. *Konrad Windisch* verfaßte z.B. eine Beilage mit dem Titel „Selbstkritik" und „klagt" sich an, den Anweisungen der „Massenmedien" nicht gefolgt zu sein: „Bedauerlicherweise hatte ich auch nie das Bedürfnis, meine Eltern umzubringen ... Nie hatte ich das Verlangen, Sexualmorde zu begehen, homosexuelle oder sonstwie tragische Verbindungen einzugehen ... Ich weiß, daß ich diese (Kinder, A.L.) hätte abtreiben sollen" usw. Die Botschaft: Nur bei „heimattreuen Deutschnationalen" ist die Welt noch in Ordnung und gibt es die richtige öffentliche wie private Erziehung. Wie eine solche aussehen könnte, verrät der verbindlich gemachte Wertekanon: „... Nicht der Offizier als soldatisches und menschliches Vorbild wurde erzogen, sondern der systemabhängige ‚Beamte in Uniform'" (aus der Beilage „Das System ist angeklagt" – Datierung und namentliche Kennzeichnung fehlen).

Die KOMMENTARE empfehlen die AFP-INFORMATIONEN, UN.UNABHÄNGIGE NACHRICHTEN, JUNGES FORUM, DESG-INFORM und NATION UND EUROPA.

MENSCH UND MASS. *Drängende Lebensfragen in neuer Sicht.* Erscheinungsweise: 2 × monatlich. Auflage: nicht bekannt. 1961 gegründet. Verlag Hohe Warte, Franz v. Bebenburg KG, Ammerseestraße 2, 8121 Pähl. Schriftltg.: *Franz Freiherr Karg von Bebenburg* (Schwiegersohn von General Ludendorff).

MENSCH UND MASS ist eng verflochten mit dem Bund für Gotteserkenntnis Ludendorff e. V. (BfG).

Autoren u. a.: *Gerhard Rühle, Hasso Bühler, Arnold Cronberg, Karl Hauptmann, Ludolf Regensburger, Hartwig Golf.*

MENSCH UND MASS, vormals VOLKSWARTE bzw. DAS FÜLLHORN, ist ein *Traditionsblatt* durch und durch. Es beruft sich auf General *von Ludendorff,* der schon 1923 an der Seite *Adolf Hitlers* stand. Aber auch bei der Pflege des Germanenkults, des Rassismus, der „arteigenen" (nordischen) Religion und des Mythos gibt die Zeitschrift sich äußerst traditionell; nicht weniger bei ihrem Antisemitismus und der Bekämpfung anderer Religionen.

Das Blatt macht keinen Hehl aus seiner weltanschaulichen Bindung. Informationen über die NS-Zeit und den *Führer* gehören zum Standard. Aktuelle Hinweise werden zum Anlaß genommen, eigene Positionen zu präsentieren. Einer Aussage vom Präsidenten des Kinderschutzbundes z. B. wird die Vorstellung von Erziehung der *Mathilde Ludendorff* aus dem Jahre 1930 zur Seite gestellt: „Wir sind gewohnt, in der Familie die heilige Kraftquelle eines wurzelfesten, rassebewußten Volkes zu sehen, und wissen, wie sehr sie auch noch den in ihrem Artbewußtsein entwurzelten Völkern Lebenskraft sichern kann." (Nr. 18, 9/1989, S. 863, Spalte 1)

Beim Lesen von MENSCH UND MASS fühlt man sich um mindestens 50 Jahre zurückversetzt. Das Blatt will „belehren" und „stärken" und den Gesinnungstreuen helfen, in ihrer Welt zu überdauern. NATION UND EUROPA ehrt in ihrer Ausgabe 1/90 den Herausgeber des Blattes als „vorbildlichen Kämpfer und Idealisten." *Karg von Bebenburg* hatte 16 Jahre lang einen Rechtsstreit geführt – und gewonnen: Der Verlag Hohe Warte darf weiter drucken.

MENSCH UND MASS rezensiert einschlägige Bücher, wirbt für Veranstaltungen des *Bundes für Gotteserkenntnis* und kündet Sonnenwendfeiern an.

MUT. Erscheinungsweise: monatlich. Auflage: 30 000. 1964 gegründet. Mut-Verlag, Postfach 1, 2811 Asendorf. Hg.: *Bernhard C. Wintzek* (seit 1965).

Bernhard-Christian Wintzek gründete 1969 die *Gesamtdeutsche Aktion* (GA) als Sammelbecken für rechtsextremistische Jugendgruppen und gehörte zu den Initiatoren der *Aktion Widerstand* („Brandt an die Wand"). 1972 war er Bundestagskandidat der NPD.

Ständige Mitarbeit: *Klaus Hornung, Gerd-Klaus Kaltenbrunner, Ulrich Lohmar* (1991 gest.), *Heinz-Dietrich Ortlieb, Günter Rohrmoser, Alfred Schickel, Karlheinz Weißmann.*

Autoren u.a. *Wolfgang Brezinka* (Pädagogik-Professor), *Hellmut Diwald, Irenäus Eibl-Eibesfeld* (Verhaltensforscher), *Herbert Gruhl* (ehm. ÖDP-Vorsitzender), *Dieter Haack* (SPD, Bundesminister a.D.), *Gertrud Höhler* (CDU), *Klaus Hornung* (CDU), *Ernst Jünger, Gerd-Klaus Kaltenbrunner, Hans-Helmuth Knütter* (Prof. für Politikwissenschaft), *Hartmut Koschyk* (ehem. Generalsekretär des BdV), *Martin Kriele* (SPD, Prof. für Strafrecht), *Ursula Lehr* (CDU, Bundesministerin a.D.), *Ulrich Lohmar* (SPD), *Konrad Lorenz* (Verhaltensforscher), *Golo Mann, Armin Mohler, Elisabeth Motschmann* (Theologin), *Heinz-Dietrich Ortlieb* (SPD), *Erwin Scheuch, Alfred Schickel, Theodor Schweisfurth* (SPD, Prof. für Völkerrecht), *Robert Spaemann* (Prof. für Philosophie), *Karl Steinbuch, Jürgen Todenhöfer* (CDU), *Rudolf Wassermann* (SPD, ehem. Richter am Land- und Kammergericht Berlin).

Interviews: *Ernst Nolte* (Historiker), *Rupert Scholz* (CDU, Verteidigungsminister a.D.).

MUT war von 1967 bis 1982 als rechtsextremistisches Jugendmagazin das Sprachrohr für die *Jungen Nationaldemokraten,* die *Wikingjugend* und den *Bund heimattreuer Jugend.* Bis 1983 wurde das Blatt als verfassungswidrig eingestuft, 1979 eine Ausgabe wegen Rassenhetze von der Bundesprüfstelle indiziert. Seit Gerd-Klaus Kaltenbrunner bei MUT mitarbeitet, wurden mehr und mehr Autoren aus dem bürgerlichen Lager gewonnen. Selbst SPD-Funktionsträger genehmigen heute den Abdruck von Vorträgen in MUT bzw. nutzen die Möglichkeit, dort obrigkeitsstaatliche Positionen zu präsentieren. Durch den erweiterten Autorenkreis hat sich zwar das Meinungsspektrum vergrößert, aber die alten Botschaften gibt es immer noch.

MUT propagiert den Nationalstaat – überhaupt einen gegenüber dem Einzelnen mächtigen Staat – und entsprechend die Einschränkung der Individualrechte. MUT kritisiert eine auf „Gleichmacherei" zielende Bildungspolitik (Egalitarismus-Kritik) und deren Folge, die kostspielige Vermassung des Lehrbetriebes bzw. die Überproduktion an akademisch Gebildeten. Im Gegenzug spricht das Blatt sich dann für die Heranbildung einer Funktionselite aus, überhaupt für die Spezialisierung der Ausbildung. MUT sorgt sich um die Reinerhaltung der deutschen Sprache respektive des deutschen Liedgutes oder beklagt den Verlust der deutschen Tugenden und Traditionen.

Weder die üppige Ausstattung mit Kunstdrucken noch das beachtliche Kontingent konservativer Prominenz schaffen die Tatsache aus der Welt, daß MUT bekannte Radikale (z.B. *W. Strauss* und *A. Mohler*) und auch Altrechte (z.B. Nazi-Journalist *Walter Becher*) zu Wort kommen läßt. Gerade durch einen wohlproportioniert gemischten Autorenpool haben die MUT-Macher es erreicht, Grenzen zu verwischen und unter Berufung auf die „plurale Vielfalt" Antipluralistisches zu verbreiten. Das Blatt bildet die organisatorische Klammer zwischen Bürgern und Radikalen. Nach Wolfgang Gessenharter tritt diese „Scharnier- und Brückenfunktion" der sogenannten Neuen Rechten kaum irgendwo deutlicher zu Tage als am Beispiel der Zeitschrift MUT.[*]

---

[*] Vgl. derselbe, „Die ‚Neue Rechte' – Scharnier zwischen Bürgern und Radikalen", in: Frankfurter Rundschau vom 29. 3. 1989, S. 10ff.

NA KLAR! *Jugendzeitschrift für Umwelt, Mitwelt, Heimat.* Erscheinungsweise: unregelmäßig. Auflage: nicht bekannt. Eigendruck Bund Heimattreuer Jugend. Seit 1. 5. 1990 umbenannt in: **DER FREIBUND** *e.V. „Na klar".* Postfach 1505, 3400 Göttingen. V.i.S.d.P.: *Henning Otto.*

Autoren: Die Artikel sind nur mit Vornamen gekennzeichnet.

NA KLAR ist die Jugend- und Mitgliederzeitschrift des *Bundes Heimattreuer Jugend,* der sich seit dem 1. 5. 1990 *„Der Freibund"* nennt. Auch ein neues Bundeszeichen gibt es: eine schwarze Fahne mit einer weißen aufgehenden Sonne. NA KLAR entwickelte sich aus dem JUGENDPRESSE-DIENST, der als hektographierte Loseblattsammlung den Mitgliedern des Jugendbundes in unregelmäßigen Abständen zuging. Der JUGENDPRESSE-DIENST wurde 1978 in die Zeitschrift DER TROMMLER umgewandelt, bis 1983 daraus NA KLAR wurde. NA KLAR verzichtet darauf, offen rechtsextreme Positionen zu beziehen, so daß seit Mitte der 80er Jahre die Zeitschrift nicht mehr im Verfasungsschutzbericht erwähnt wurde.

Allerdings tragen Leserbriefe Namen wie *Reinhard Pozorny,* der den „guten Geist" von NA KLAR lobt. *Wolfgang Strauss* wünscht NA KLAR viel Erfolg bei Werbe- und Verteilungsaktionen „drüben" (Nr. 49, März 1990). NA KLAR wirbt für JUNGE FREIHEIT und EUROPA. Der Buchdienst bietet *Armin Mohlers* „Vergangenheitsbewältigung", „Die deutsche Nation" von *Bernhard Willms* wie Titel von *Hans-Dietrich Sander* oder von dem Nazi-Journalisten *Walter Becher.*

NATION UND EUROPA. *Monatsschrift im Dienst der europäischen Neuordnung.* 1951 gegründet von *Arthur Ehrhardt,* ehem. SS-Sturmbannführer, Chef der Bandenbekämpfung im Führerhauptquartier. *Seit Januar 1990 mit DEUTSCHE MONATSHEFTE vereinigt.* Erscheinungsweise: monatlich. Auflage: 10.000. Nation Europa Verlags GmbH, Postfach 2554, 8630 Coburg. Hg.: *Peter Dehoust, Harald Neubauer, Adolf von*

Thadden. Seit Januar 1992 verantwortl. Redakteur: *Karl Richter.*

Peter Dehoust ist NPD-Aktivist und Apartheitsprotagonist (im Hilfskomitee südliches Afrika). *Karl Richter* ist auch Chefredakteur der Monatszeitung DEUTSCHE RUNDSCHAU, das Organ der rechtsextremen Sammlungspartei *Deutsche Liga für Volk und Heimat DL.*

In der Nation Europa Verlags GmbH bilden prominente Rechte ein Gesellschafterkollektiv: *Dehoust, Holle Grimm* (ehem. Geschäftsführerin der GfP), *Klausdieter Ludwig* (Vorstandsmitglied des *Hilfskomitees Südliches Afrika,* 1986 wegen rechtsextremer Aktivitäten als Direktor der Darmstädter Volksbank entlassen).

Autoren u. a.: *Günter Deckert* (seit Juni 1991 Parteivorsitzender der NPD), *Hans Joachim Richard, Wolfgang Hieber* (REP), *Wolfgang Strauss, Alain de Benoist, Adolf von Thadden* (Mitbegründer der NPD), *Bernard Willms, Gerd-Klaus Kaltenbrunner, Hans-Dietrich Sander, Günter Schatzpald* (Pseudonym des Frankfurter SPD-Mitglieds Günter Platzdasch), *Konrad Lorenz, Heinrich Lummer* (CDU), *Jean Marie Le Pen* (Kopf der rassistischen FRONT NATIONAL), *Hans-Ulrich Rudel* (Luftwaffenoberst a. D.), *Armin Mohler.*

1951 gegründet, gehört NATION UND EUROPA mit zu den ältesten kontinuierlich erscheinenden Publikationen der Rechtsextremen. Von Anfang an war das Blatt auf ein „Großdeutschland" ausgerichtet, dem in Europa die Führungsrolle zukommen soll. Dieses Ziel bleibt auch nach der Zusammenlegung mit der Zeitschrift DEUTSCHE MONATSHEFTE bestehen: „Deutschland allein" – so die Meinung von *Dehoust* – „könnte weiteren Identitätsverlust der europäischen Völker aus der Fülle seines Stammestums und seiner geschichtlichen Wurzeln im Mythos verhindern – aber nur, wenn es den ersten Schritt zu seiner Neuschöpfung vom 3. Oktober (Deutsche Einheit, A. L.) in eine Wiedergeburt geopolitischen Denkens und Handelns umzusetzen versteht." (NE-DM 10/90, S. 4).

Chauvinistisch, antisemitisch und rassistisch angelegt, druckt

das Blatt regelmäßig „Nachrichten von der Überfremdungs-
front". Mit Kurzmeldungen über Gerichtsurteile gegen AusländerInnen wird suggeriert, daß Menschen nicht-deutscher Na-
tionalität krimineller sind als Deutsche. Agitiert wird gegen
Asylbewerber und Gastarbeiter. „Gegen die giftige Saat des
Internationalismus und des Egalitarismus, die den Völkermord
durch Vermischung und Durchrassung vorbereiten, sind ver-
schärfte Maßnahmen mehr als notwendig." (NE-DM 7/90, S. 5)
Welche Maßnahmen nach Ansicht von *Dehoust* zu ergreifen
sind, erfährt der Leser einen Monat später: „Der Schluß für
Europa und die Deutschen kann nur lauten: Schotten dicht.
Arabien den Arabern (und dem Islam), Europa den Europäern
und ganz Deutschland den Deutschen! Die Türken versammeln
sich wieder in der Türkei." (NE-DM 8/9/90, S. 4) Plädiert wird
auch für die Aufrechterhaltung der Apartheid in Südafrika.

Unter der Rubrik „Die Eurorechte im Aufwind" berichtet die
Zeitschrift über Erfolge von rechtsextremen Gruppierungen in
allen europäischen Ländern. Auch über „Neues von links"
kann man sich informieren, etwa über SPD- und Grüne-Politi-
kerInnen, daß diese öffentliche Gelder für deutschfeindliche
Initiativen verschwenden. Unter „Personalien links" nennt das
Blatt vollständige Anschriften von „Kommunisten" und „Anti-
faschisten", die sich durch Flugblätter oder sonstwie als politische Gegner zu erkennen gegeben haben.

Neben der Ausrichtung auf „Großdeutschland" gehörte es
von Anfang an zu den Zielen der Zeitung, die zersplitterte
Rechte zu einen. *Dehoust,* der kürzlich die redaktionelle und
verlegerische Verantwortung auf mehrere Schultern verteilt hat,
will sich dieser Aufgabe nun verstärkt widmen.

Die Zeitschrift bringt Anzeigen von: UNIVERSITAS, JUN-
GE FREIHEIT, Deutsch-Südafrikanische Gesellschaft, Hilfs-
komitee Südliches Afrika, Bürgerinitiative Ausländerstopp,
Notverwaltung des Deutschen Ostens, Studentenbund Schle-
sien, Schutzbund für das Deutsche Volk, GfP, den Verlagen
Türmer, Grabert, Ullstein/Langen Müller und andere mehr.

NEUE ANTHROPOLOGIE, *Erbe und Verantwortung.* Erscheinungsweise: vierteljährlich. Auflage: über 1000. Hg. und Verleger: Gesellschaft für biologische Anthropologie, Eugenik und Verhaltensforschung e.V., Postfach 550380, 2000 Hamburg 55. 1. Vorsitzender und verantw. Redakteur: *Jürgen Rieger,* Auguste-Baur-Straße 22, 2000 Hamburg 55.

Im wissenschaftlichen Beirat: *H. G. Amsel, Alain de Benoist, Karl Besse.*

Autoren u.a. *Günter Repp, Jürgen Rieger* (ehem. Mitglied der NPD, der WJ, des BHJ, Rechtsbeistand namhafter Rechtsextremisten), *Arthur R. Jensen* (Ordinarius für pädagogische Psychologie in Berkeley, *Alain de Benoist, Hans Burkhardt* (veröffentlichte u.a. „Gleichheitswahn – Parteienwahn – Massenpsychosen der Gegenwart"), *C. Mattausch, August Vogl, Rolf Kosiek, Hans-Jürgen Eysenck* (Psychologe und Verhaltensforscher), *Pierre Krebs* (Leiter des Thule-Seminars).

Die NEUE ANTHROPOLOGIE (NA) ist eindeutig rassistisch und ausländerfeindlich; vor allem wird vor Asylbewerbern gewarnt. Kulturhistorische Betrachtungen, Zeitschriften- und Buchbesprechungen, Berichte über in- und ausländische Studien beziehen sich nahezu ausschließlich auf die Bereiche „Rassenhygiene", „Vererbung" und „Bevölkerungspolitik", wobei „europid geprägte Volksteile"* nach Ansicht der Autoren wertvolleres Erbgut bzw. edlere Anlagen besitzen.

Wachsamkeit ist deshalb geboten, weil das Blatt versucht, seinem fundamentalistischen Rassismus *wissenschaftliche* (das meint hier: mit Hilfe der in der Wissenschaft gebräuchlichen

---

* Vgl. *August Vogl,* „China, seine demographische Geschichte, Teil 2, in: NEUE ANTHROPOLOGIE, 16. Jg. 1988. Auf Seite 12 heißt es: „Wo immer in der uns überlieferten oder durch Funde bekannt gewordenen Erdgeschichte größere, über Horden oder Stämme hinausgehende, Völker umfassende Staatsgebilde entstanden, waren ... europid geprägte Köpfe am Werk." Die Erklärung Vogls dafür: „Mag jene Gengemeinschaft über besondere Eigenschaften und Fähigkeiten verfügen, ... so läßt sich feststellen, daß die Europiden ein alle anderen übertreffendes Organisationstalent besitzen." (vgl. ebenda)

Terminologie und Verfahren) Reputation zu verschaffen. Aber es ist nicht das Ergebnis von Untersuchungen, daß als oberste, maßsetzende und richtende Instanz die Gene rangieren. Es sind vielmehr vorwissenschaftliche Setzungen, d.h. *vor* aller Forschung vorgenommene Bestimmungen. Wissenschaft in diesem Sinne ist das Instrument, mit dessen Hilfe das Vorausgesetzte bestätigt werden soll. Ebenso verhält es sich mit dem angeblichen Objektivitätsgaranten, dem Kriterium Gesundheit, das keinesfalls einen Prüfstein abgibt, sondern wiederum nur eine normative Vorgabe: Was jeweils Gesundheit und was jeweils Krankheit sei, was sie für den einzelnen oder für eine Gesellschaft zu bedeuten habe, ferner wie sie zu erreichen und bewahren wäre – bei den Autoren der NA durch Rassentrennung und Eugenik –, das alles steht inhaltlich keineswegs seit eh und je und auch nicht für alle künftige Zeit fest. Hier läßt sich bestenfalls von Annahmen reden, die kaum den Status von Hypothesen, eher den von Glaubenssätzen innehaben.

Nicht nur die Ausblendung der zugrundegelegten Voraussetzungen kennzeichnet die wissenschaftliche Unzulänglichkeit der Beiträge. Auch der Umgang mit konkreten Studien ist fragwürdig. Die NA berichtet beispielsweise von der Untersuchung einer amerikanischen Behörde, die eine Häufung von Frühgeburten bei nichtweißen Amerikanerinnen ermittelte. Zwar räumt die NA am Ende des Artikels ein: „Welche Einflußgrößen sich hinter diesem unterschiedlichen Frühgeburtsrisiko für die Angehörigen verschiedener ethnischer Gruppen verbergen, blieb vorerst unklar[*], aber dennoch heißt es in der Überschrift und im Text mehrfach (durch weiter angeführte Gründe oder Belege nicht gestützt): „Frühgeburtsrisiko von Rassenzugehörigkeit abhängig.“ Hier suggeriert die NA, das Ergebnis der Untersuchung anzuführen. In diesem Stile verfährt sie auch, wenn sie behauptet, es sei wissen-

---

[*] Vgl. (ohne namentliche Kennzeichnung) „Frühgeburtsrisiko von Rassenzugehörigkeit abhängig“, in: NEUE ANTHROPOLOGIE, 17. Jg. 1989, S. 89.

schaftlich bewiesen, daß „Gemischtrassige" ein größeres Risiko trügen, an Aids, Tuberkulose, Krebs und dergleichen zu erkranken.

Die Frage, wie sich aus der Klassifikation „europid" und der Beobachtung eines spezifischen Verhaltens nachweislich die Gleichung: „europid = höher zu bewertende Genausstattung" ergibt und ob es sich bei solchen Benotungen nicht vielmehr um zeit- und kulturabhängige Bewertungen handelt, läuft insofern ins Leere, als Wert- und Geschmacksurteile (dem Ursache-Wirkungs-Schema gemäß) in eine direkte Abhängigkeit zur Genstruktur gebracht werden. Beiträge wie: „Zur Biologie des Werturteils"[*] stehen dafür, aber auch Versuche, die rationale Sphäre, also Urteile, Entscheidungen und sogar konkrete Denkinhalte unter den Primat der Gene zu stellen: Der gewollte Verzicht auf Nachkommen „muß auch irgendwie charakterlich begründet sein und damit erblich mitbestimmt".[**] Daß damit nicht nur Möglichkeiten der theoretischen Verwerfung, sondern nach diesem Modell auch moralische Verantwortlichkeiten entfallen, man beispielsweise Schwache – einem *natürlichen* Impuls und *natürlichem* Recht folgend – untergehen lassen kann, und zwar ohne daß dem einzelnen eine zurechenbare Verfehlung anzulasten wäre, liegt auf der Hand. Nichts entlarvt die totalitäre Tendenz des biologistisch fundierten Rassismus klarer als seine Immunisierungsstrategie: Durch die systematische Beseitigung der Argumentationsebene soll die unerwünschte Diskussion niedergehalten werden; und dies nicht nur in der Sphäre der Theorie. Die praktische Konsequenz heißt: Das Recht zu herrschen wird dem Regenten zwar nicht mehr von einem Gott bzw. seinem irdischen Repräsentanten übertragen, aber eben doch von schicksalhaften Fügungen her abgeleitet. Keine demokratische Willensbildung muß sie legitimieren, keine Gewaltenteilung kontrollieren. Die Affinität die-

---

[*] Vgl. *P. Dachsel,* „Zur Biologie des Werturteils", in: NEUE ANTHROPOLOGIE, 13. Jg. 1985.
[**] Vgl. *Richard Geißler,* „Ungewollte Eugenik heute", in: NEUE ANTHROPOLOGIE, 18. Jg. 1990, S. 77.

ser Archaismen zu absolutistischen Regierungsformen aller Schattierungen ist keine Zufälligkeit.

NS KAMPFRUF. *Kampfschrift der Nationalsozialistischen Deutschen Arbeiterpartei Auslands- und Aufbauorganisation.* Erscheinungsweise: zweimonatlich. Auflage: mehrere Tausend. Eigendruck der NSDAP/AO, P.O.Box 6414, Lincoln, NE 68506 USA. Hg.: NSDAP/AO. Schriftleiter: *Gerhard Lauck.*

Gerhard (Gary Rex) Lauck, Gründer und Repräsentant der weltweit operierenden *Nationalsozialistischen Deutschen Arbeiterpartei Auslands- und Aufbauorganisation* (NSDAP/AO), schleust von Amerika aus massenhaft rassistische und neonazistische Materialien nach Deutschland ein.

Autoren: Nur Beiträge von Mitgliedern in Schlüsselpositionen sind namentlich gekennzeichnet. So etwa Artikel von *Christian Worch,* Kopf der *Nationalen Liste (NL)* in Hamburg. Worch bemüht sich derzeit (wie andere auch), die Position des verstorbenen *Michael Kühnen* einzunehmen.

Die in den USA von *Lauck* gegründete NSDAP/AO gibt mittlerweile vier Periodika heraus. Der NS KAMPFRUF, das deutschsprachige Organ, wird seit 1973 illegal in Deutschland vertrieben; THE NEW ORDER erscheint seit 1975 in englischer Sprache; SVERIGES NATIONELLA FÖRBUND wird seit 1990 in schwedischer Sprache gedruckt und ÚJ REND seit August 1991 in ungarischer Sprache. Diverse NS-Devotionalien (Aufkleber etc.) gibt es von der NSDAP/AO mittlerweile in englischer, französischer, niederländischer, finnischer, schwedischer, norwegischer, ungarischer, italienischer, spanischer und portugiesischer Sprache. In den USA, der Bundesrepublik Deutschland und in Schweden hat die NSDAP/AO ihre stärksten Stützpunkte; die *Sektion Ungarn* befindet sich noch in der Aufbauphase. Regelmäßige Kontakte zur NSDAP/AO pflegen außerdem Gesinnungsgenossen in Dänemark, Belgien, Österreich, Spanien, Kroatien und der Schweiz.

Die deutschen Sicherheits- und Zollbehörden sind beauftragt, das nationalsozialistische Kampfblatt zu beschlagnahmen. Dennoch kursiert der NS KAMPFRUF 1000fach im Lande; die „Sicherheitshinweise" am Ende einer jeden Ausgabe greifen. Schon „Empfänger von Probeexemplaren können die auf der ersten Seite vermerkte *Kenn-Nummer* beim Schriftwechsel ... verwenden anstatt Namens (sic) und Anschrift, um sich vor der Postüberwachung zu schützen" heißt es im Impressum.

Der NS KAMPFRUF bekennt sich uneingeschränkt zum Nationalsozialismus und zu *Adolf Hitler.* Teils werden direkt Passagen aus den Propagandaschriften des NS-Regimes nachgedruckt, teils in Anlehnung an *Original-Texte* erklärende Beiträge verfaßt. Um die Schulung der *Kameraden* kümmerte sich ehemals vor allem *Michael Kühnen.* Ihm kam es darauf an, die nationalsozialistischen Ideen in ihrer ursprünglichen Form zu erhalten. Alle Versuche, sie „zu ändern, weiterzuentwickeln oder gar zu verfälschen" sei „eine Beleidigung der Partei des Führers!" (Januar/Februar 1990 [101]*, S. 4) Die NSDAP/AO lehre von daher, so *Kühnen,* „die Führungsaufgabe der PARTEI anzuerkennen". Aufgabe sei es derzeit, die „Konzeption des ‚propagandistischen Untergrunds' zu entwickeln" und die „Neugründung der NSDAP vorzubereiten und zu fördern." (Ebenda)

Das Blatt zeigt keine Scheu, eine psychisch okkupierende Propaganda als adäquates Mittel des Machtgebrauchs zu empfehlen. In einer mehrteiligen Serie mit dem Titel „Eine Bewegung in Waffen: Massenpsychologie, Propaganda und Revolution" heißt es unter dem Punkt *„Führung und Beeinflussung der Masse":* „Daß die Masse nicht imstande ist, sich eigenständig zu führen, bedarf nicht mehr der Erwähnung. Sie benötigt eine Führung gleich welcher Art ... Hier wird aus Sicht der Psychologie der Massen eine der wichtigsten Eigenschaften herausgestellt, die dem Führer, bzw. der Führung eines Volkes anhaften muß: *der Nimbus* ... Diese Kraft erscheint denen, auf die sie

---

* Die eingeklammerte Zahl meint: im 101. Jahr des „Führers" *Adolf Hitler*

wirkt oder wirken soll, als etwas außergewöhnlich Überragendes, das sich den Gefühlen darstellt. Der- oder dasjenige, von dem der Nimbus ausgeht, wird von der Masse vergöttlicht, so daß dieselben Gefühle und Verhaltensweisen auftreten, wie wir sie bei Ideen und Meinungen, die religiöse Formen angenommen haben, sehen. *Das bedeutet, daß von dieser Kraft, die sich Nimbus nennt, eine unwiderstehliche Macht ausgehen kann, die für die Durchsetzung von Weltanschauungen schlechthin genutzt werden muß.*" (Hervorhebungen im Original, A. L.) (November/Dezember 1991 [102], S. 4)

Der NS KAMPFRUF kennt auch sonst keine Rücksichtnahmen – weder in den Formulierungen oder Forderungen noch in den Mitteln. Aufkleber mit Texten wie „Kauft nicht bei Juden!" oder „Rotfront Verrecke" werden ebenso abgebildet wie antisemitische Karikaturen, *Hitlers* Buch „Mein Kampf" ebenso zum Kauf angeboten wie *Goebbels*-Reden. Das Blatt sagt dem demokratischen System explizit den Kampf an. Es betont die alleinigen Machtbefugnisse einer Kaderpartei, an deren Spitze ein Führer steht, die Vorrangstellung alles Militärischen vor dem Zivilen und der eigenen Nation – völkisch definiert.

NSDAP/AO-Gründer *Lauck* ist nicht der ideologische Kopf der internationalen NS-Szene, sondern lediglich ihr Koordinator und Promotor. Die *deutsche Handschrift* der Organisation ist unübersehbar – auch beim NS KAMPFRUF. Es ist ein Ärgernis, daß *Lauck* regelmäßig in die Bundesrepublik Deutschland einreist, und es zeigt die Fehleinschätzungen hinsichtlich der Organisationsstrukturen des nationalsozialistischen Weltverbandes, wenn der zuständige Sprecher der Bundesregierung, *Eduard Lintner*, auf die Fragen der Abgeordneten *Renate Jäger*/SPD, welche Aktivitäten seitens der NSDAP/AO auf dem Gebiet der Bundesrepublik bekannt seien und was gegen diese Organisation unternommen werde, lediglich antwortete, daß man um den illegalen Vertrieb des NS KAMPFRUFS und diverser Materialien wie Flugblätter, Plakate, Aufkleber, Armbinden oder Hakenkreuzfahnen wüßte und die Sicherheitsbehörden sich bemühten, Sendungen zu beschlagnahmen und daß es

gegen *Lauck* eine unbegrenzte Ausweisungs/Abschiebeverfü-
gung gäbe.[*]

Bereits die Bilddokumente der Nachrichtensendungen im öffent-
lich-rechtlichen Fernsehen zeigen, daß es ein größeres Maß an Aktivitäten der NSDAP/AO auf deutschem Boden gibt. An den spek-
takulären Veranstaltungen rechtsextremistischer Gruppierungen
im letzten Jahrzehnt waren stets Mitglieder und Kontaktleute der
NSDAP/AO beteiligt; dem politisch Interessierten sind die Ge-
sichter bekannt. Auch in Rostock-Lichtenhagen gab es bei den
gewalttätigen Angriffen auf Asylbewerber und Polizisten NSDAP/
AO-Anweisungen – von der Limousine *Christian Worchs* aus! Die
NSDAP-Auslandsorganisation mit offiziellem Sitz in den USA
konnte sich längst als Inlandsorganisation etablieren.

QUERSCHLÄGER. *Das Blatt für Kameradinnen und Kameraden der Essener Neo-Szene.* Erscheinungsweise: unregelmäßig, Auflage: unbekannt. Ende 1991 wird der Querschläger eingestellt. Nachfolger: das „KETZERBLATT FRONTAL".

Autoren: keine Angaben. Das Impressum des Querschlägers
verrät: „Der ‚QS' ist keine Publikation im Sinne d. Pressegeset-
zes, sondern ein vervielfältigter Rundbrief an brutale Söldner
...". Diese Selbstbeschreibung ist treffend: der QS ist brutal
und zynisch, sein Haß auf dieses System und alles der Ingroup
nicht Zugehörende grenzenlos.

QS unterstützt „aktive Kämpfer", die vom Staat „entführt"
wurden und jetzt „knacken", mit Kampagnen und der Einrich-
tung eines Spendenkontos; Leserbriefe von Inhaftierten bilden
eine eigene Rubrik. Der QS wacht aber noch in anderer Weise
über Aktivisten. So gibt er für die örtliche Szene Autonummern
von Zivilfahrzeugen der Polizei – „Dein Feind und Henker!" –
bekannt (QS, 9/10 1989, S. 7 und 2).

---

[*] Der Wortlaut der Antwort des damaligen Parlamentarischen Staatsse-
kretärs im Bundesministerium des Innern, *Eduard Lintner*, ist im Protokoll
des Deutschen Bundestags – Drucksache 12/1607 Nr. 17 vom 15. 11. 1991 –
nachzulesen. Vgl. ferner: Michelle Grégoire (Hg.), Neofaschismus – Dokumente aus dem Deutschen Bundestag, Mainz 1992, S. 57.

Umgekehrt sind für den QS Kritiker des Neonazismus: „...
jene, die in den Glanzzeiten der deutschen Geschichte in Lagern gelandet wären, in denen sie sich hätten konzentrieren
können." (QS, 9/10 1989, S. 8)

QS-Konsumenten sind kampfbereit und aktiv. Ihre Leserbriefe gleichen Frontberichten: „... es gab eine kurze Boxerei
und dann mußten wir uns verpissen" – „... was uns aber nicht
abhielt, uns auf einer Baustelle zu bewaffnen" – „... und erfuh-
ren dort, daß 4 übriggebliebene Kameraden noch 2 Analero-
tiker körperlich belehrten" – „... die Randale war mal wieder
nur eine Hasenjagd durch Leipzig's City" – „... waren aber von
denen keine radikalen Fussels da. So mußten einige Frieden-
staubentypen dran glauben ..." (QS 3/91, S. 8).

Bei QS wäre es verkürzt, die allgegenwärtige Randale als Selbst-
zweck zu werten. Wer auch nur vage Kenntnisse vom Netzwerk
der internationalen Neonazi-Szene hat, dem bleiben Anspielun-
gen und Hinweise, die diesen Zusammenhang betreffen, nicht
verborgen. Die Skin-Band *Skrewdriver* aus der *Blood and Ho-
nour-Organisation* des englischen Neo-Nazis *Tommy Edwards*
wird beispielsweise immer wieder erwähnt. 1989 deckten
„Searchlight"-Mitarbeiter Verbindungen von Edwards zu
schwedischen Rassisten auf.[*] Skrewdriver sorgte u.a. für die
finanzielle Ausstattung der schwedischen SA im Kampf gegen
„‚Zionists‘, capitalists and communists who ‚jointly control the
Swedish media‘ and ‚import barbaric non-European religions‘".[**]
Im April 1991 gastierten die Skrewdrivers in Deutschland.

Das bevorzugte Ziel der QS-Attacken ist der Ausländer: „Es
gibt leider immer noch genug Idioten, die sich auf die Straße
stellen und den Tod eines Türken beklagen ..." (QS, 9/10 1989,
S. 1) „... erwacht jetzt ihr Deutschen – wir schlagen uns frei!
Wir lösen das Kanaker-Problem – das ist doch klar! – genauso
wie es früher mit den Juden geschah!" (QS, 9/10 1989, S. 7).

Locker-flockig, wie so manches, das aus der Feder des QS-

---

[*] Vgl. „Nazi bonehead links exposed", in: Searchlight – The international
Anti-Fascist Monthly No. 189, 3/1991, S. 13 f.
[**] Vgl. ebenda, S. 14.

Teams fließt, liest man: „Gib Nazis eine Chance." (QS, 9/10 1989, S. 1)

RECHT UND JUSTIZ. *Mitteilungen zur Entwicklung des Rechtsstaates im Bereich der politischen Justiz.* Erscheinungsweise: unregelmäßig. Auflage: unbekannt. Hg.: Deutscher Rechtsschutzkreis e.V. (DRsK e.V.). V.i.S.d.P.: *Gisela Sedelmaier*, Postfach 400215, 4630 Bochum 4.

Autoren u.a.: *Robert Dollinger* (Theologe), *Jürgen Rieger, Manfred Ritter* (CDU, bis 1990 Landesanwalt beim Verwaltungsgericht Ansbach, dann wegen Ausländerhetze zur Autobahndirektion versetzt), *Gisela Sedelmaier.*

RECHT UND JUSTIZ (RuJ), herausgegeben vom Deutschen Rechtsschutzkreis, unterhält die gleiche Postfachadresse wie UN.UNABHÄNGIGE NACHRICHTEN und arbeitet mit diesem Blatt auch eng zusammen. Die Rechtshilfen bzw. die juristischen Hinweise sind für „volkstreue " Deutsche zusammengestellt, wenn diese „sich um die Zukunft unseres Volkes sorgen (und sich entsprechend äußern!) . . ." (vgl. I/II. 1989, S. 1). Die Leser erfahren, in welche „juristische Fußangeln" jemand treten kann, der den Holocaust und die deutsche Kriegsschuld leugnet und Stimmung gegen hier lebende Ausländer macht. Minutiös sind Paragraphen bzw. einzelne Urteile aufgelistet, und zwar solche, die man tunlichst berücksichtigt, wenn man keinen Ärger haben möchte, und solche, die einem Angeklagten Freiräume eröffnen könnten. So soll es nach einem BGH-Urteil vom 14. 3. 1984 [Az 3 StR 36/84, in NStZ 1984, 310] weder „volksverhetzend" noch „beleidigend" sein zu sagen: „Ausländer raus!" oder „Türken raus!" . . . Der Leser erfährt auch, wie er sich bei Hausdurchsuchungen verhalten soll.

Interessant sind auch hier wieder die Vernetzungen. Verantwortlich für die Mitteilungen von RECHT UND JUSTIZ ist *Jürgen Rieger. Rieger,* ehem. Mitglied der NPD, der WJ, des BHJ, mittlerweile der *Nationalistischen Front* (NF) zugerechnet, ist Rechtsbeistand für *Jürgen Mosler* (DIE NEUE

FRONT), *Thies Christophersen* (DIE BAUERNSCHAFT), *Berthold Dinter* (WEHR' DICH) und vertrat *Michael Kühnen.*

RECHT UND WAHRHEIT. *Stimme des Bismarck-Deutschen.* Erscheinungsweise: monatlich. Auflage: mehrere Tausend. Organ der *Deutschen Freiheitsbewegung e. V.* (DDF). früher: DDF-Verlag: DER BISMARCK-DEUTSCHE, Postfach 1310, 8730 Bad Kissingen, Verlag und Redaktion wurden verlegt. Weiter Hg. u. V.i.s.d.P.: *Georg Albert Bosse,* Winkelstraße 11 E, 8730 Bad Kissingen. RECHT UND WAHRHEIT, Hohensteinstraße 29, 3180 Wolfsburg 1.

Autoren u. a.: *Otto Ernst Remer, Georg Albert Bosse, Günther Kissel, Fritz von Randow, Arnold Neugebohrn.*

RECHT UND WAHRHEIT (RuW), die Nachfolgerin des BISMARCK-DEUTSCHEN, wurde 1983 auf Betreiben des früheren Generalmajors der Wehrmacht und Initiators der 1952 verbotenen neonazistischen *Sozialistischen Reichspartei* (SRP) *Otto Ernst Remer* gegründet. Im Juni 1992 erhält die Zeitschrift einen neuen Namen: RECHT UND WAHRHEIT. *Stimme des parteiunabhängigen Deutschen.* Der Verfassungsschutz reagierte mit Verzögerung auf RuW, obwohl bereits Erkenntnisse vorlagen. 1989 hatte die Staatsanwaltschaft Schweinfurt eine Ausgabe beschlagnahmt. Dazu führte eine Huldigung *Hitlers* zu dessen 100. Geburtstag: „Wir verneigen uns in Ehrfurcht und Dankbarkeit vor *Adolf Hitler* . . . ".[*]

Beinahe jede Ausgabe enthält Ehrenerklärungen für *Bosse* und *Remer* sowie die Behauptung, die beiden würden ständig von der Justiz unrechtmäßig wegen ihrer politischen Anschauung verfolgt. RuW bezichtigt Historiker der Lüge, wendet sich mit Ansprachen an die „Volksgeschwister" in „Mitteldeutschland", berichtet von dem „Leuchter-Gutachten" (in dem die

---

[*] Vgl. den „Prozeßbericht" von RECHT UND WAHRHEIT, Ausgabe Sept./Okt. 1990, S. 6, der ein Beispiel für die Gedankenwelt der Autoren von RuW liefert.

Morde in Auschwitz bestritten werden), dem „segensreichen" Wirken der Weißen, besonders der 30% Deutschen, in Südafrika, der angeblichen Fälschung des Anne-Frank-Tagebuchs und anderem mehr. Außerdem bietet RuW einschlägige Videos an: „Gasöfen" und die „Original Deutsche Wochenschauen 1939–1945" u. a. RuW verheimlicht – anders als Publikationen der *Neuen Rechten* – ihre ideologischen Grundlagen nicht. RuW ist eine Zeitschrift demonstrativ „Ewig-Gestriger".

STAATSBRIEFE. Erscheinungsweise: monatlich. Auflage: 6000. 1990 gegründet. Castell del Monte Verlag, Türkenstraße 57, 8000 München 40. Hg.: *Hans Dietrich Sander,* Buttermelcherstraße 5, 8000 München 5.

Sander war Redakteur bei der WELT und Chefredakteur bei den altrechten DEUTSCHEN MONATSHEFTEN.

Autoren u.a.: *Armin Mohler, Karl-Heinz Kausch* (ehem. Mitglied der Waffen-SS, nach Beiträgen im *Freiwilligen* der HIAG-Waffen-SS vom Schuldienst suspendiert), *Günter Masche* (Mitarbeiter des *Thule-Seminars*), *Hans-Michael Fiedler* (NPD-Funktionär), *Robert Hepp* (Soziologe, veröffentlichte u. a. „Die Endlösung der deutschen Frage"), *Reinhold Oberlercher, Heinrich Jordis von Lohausen, Wolfgang Strauss, Hans-Joachim Arndt.*

Als sich der Journalist *Sander* nach langjähriger Praxis in konservativen, rechtsradikalen und rechtsextremistischen Presseorganen mit den STAATSBRIEFEN 1990 ein eigenes Diskussionsforum schuf, schien den Rechten ein weiterer Vordenker zuzuwachsen. Auf einen breiten Rezipientenkreis wartet *Sander* bislang aber vergebens: Der Brückenschlag zum konservativen Lager blieb aus, und die *Alte Rechte* zeigt kein Interesse. Die *Neue Rechte* hingegen übt offen Kritik – etwa an *Sanders* Leitbild, dem *Stauffer-Mythos.* Der Rückgriff auf solche Visionen kennzeichne den mangelnden Realitätssinn Sanders bzw. seinen „polit-religiösen Fundamentalismus" (JUNGE FREIHEIT 5/91).

Das zunächst als „Intelligenz- und Theorieorgan" eingestufte Blatt unterscheidet sich nicht grundsätzlich von anderen rechten Publikationen. So kann die Flut lateinischer und griechischer Vokabeln nicht über weniger humanistische Attitüden hinwegtäuschen: Von polnischer „Unbelehrbarkeit" und „Frechheit" oder polnischem „Landraub" (vgl. STAATSBRIEFE 3/90, S. 7, Spalte 2) schreiben auch schlichte Revisionistenzeitungen. Allerdings enthalten die STAATSBRIEFE auch Beiträge, in denen (nach Anspruch und Begrifflichkeit) eine *theoretische Reflexion* stattfindet. Zu der neuerdings immer wieder reklamierten *Wissenschaftlichkeit* läßt sich ohne spezifizierte Analysen sagen, daß Programm und Ziele – der *Neuen* wie *Alten* Rechten – ein spekulatives Fundament haben, mithin auf unwissenschaftlich gewonnenen Voraus-Setzungen fußen.

THE SCORPION. Erscheinungsweise: unregelmäßig – etwa alle 10 Monate. Auflage: nicht bekannt. Printed and published by The Scorpion Press. Hg.: *Michael Walker*, Schnellweider Straße 50, 5000 Köln 80.

Autoren u. a.: *Alain de Benoist, Walter Walker, John Jewell, Peter Bahn.*

Das *neurechte*, englischsprachige Blatt (mit Außenposten in Italien und den USA) wird in Deutschland hergestellt und vertrieben. Die Zeitungsmacher verstehen sich selbst als Kulturkritiker und Mahner. „*Mittelmäßig*" und „*konformistisch*" sei die gegenwärtige Politikdebatte und fordere geradezu eine „*Antwort*" heraus.[*] Gesucht und gefunden werden die SCORPION-Botschaften – wie bei allen neurechten Gruppierungen üblich – bei national-revolutionären Autoren der Weimarer Zeit. Das sind vor allem *Carl Schmitt, Othmar Spann, Ernst*

---

[*] Michael Walker: „The Scorpion is one of the very few English Language publications to offer an intelligent response to the challenge of a mediocre conformism in contemporary political debate." In: THE SCORPION, Issue No. 12, Winter 1989, S. 3.

Jünger, Oswald Spengler und *Arthur Moeller van den Bruck*.
Letzterem widmet THE SCORPION in der Ausgabe No. 12
(Winter 1989) zehn Seiten; Ausgabe No. 13 (Winter 1990) und
Ausgabe 14 (Winter 1991) führen ebenso umfangreich in das
Denken *Oswald Spenglers* ein.

THE SCORPION umwirbt Europa – allerdings ein Europa
der strikt von einander getrennten Nationalstaaten. Der multikulturellen Gesellschaft wird das *ethnopluralistische Modell*
entgegengesetzt, ein Modell, das sich an biologistischen Kategorien orientiert und von der Hoffnung lebt, die Probleme, die
eine komplexe und offene Gesellschaft begleiten, durch Ausgrenzung alles Fremden lösen zu können.

Neben nationalrevolutionären Essays über Religion, Sozialis-
mus, Regionalismus, Nihilismus, Rassismus etc. nehmen Leserbriefe und Antworten der Redaktion einen breiten Raum ein.

THE SCORPION wirbt für ELEMENTE, WIR SELBST,
ZEITENWENDE, CRITIQUE (USA), AVALOKA (USA),
THE STING (Großbritannien), GREEN OPTIONS (Groß-
britannien), INDEPENDANCE (Frankreich), CANADIAN
REVIEW OF STUDIES IN NATIONALISM, den Uwe-
Berg-Verlag.

UN. UNABHÄNGIGE NACHRICHTEN. *Nachrichtendienst
und Mitteilungsblatt unabhängiger Freundeskreise.* Erscheinungsweise: monatlich. Auflage: 8000. Eigendruck und -verlag,
Postfach 400215, 4630 Bochum. Hg.: Freundeskreis Unabhängige Nachrichten. V.i.S.d.P.: *K. Haußmann,* Versand: Ohren-
feld 18, 4200 Oberhausen 1.

Autoren u. a.: *Martin Voigt* (Vors. des Deutschen Rechts-
schutzkreises), *Hans W. Schimmelpfeng, Gisela Sedelmaier,
Siegfried Gärtner, Günter Deckert, Rolf Kosiek.*

Die UNABHÄNGIGEN NACHRICHTEN betreiben in erster Linie die „Korrektur der Geschichtsschreibung". Empfänger kostenloser Werbesendungen werden aufgefordert, das
Blatt auch an „Nachbarn und Bekannte" weiterzugeben, denn

es sei „für alle ordentlichen, aber unbedarften, unwissenden und umerzogenen Deutschen" geschrieben (aus der Beilage zu den Werbesendungen). Besondere Beachtung verdient, daß die UNABHÄNGIGEN NACHRICHTEN ihre Publikationen auch den Redaktionen von Schülerzeitungen ungebeten als Ersatz „für fehlende oder verfälschte Schulbücher" zusenden.

Rechtsextreme aller Schattierungen – von *Kosiek, Stäglich, Rieger, Deckert* und *Walendy* bis hin zu *Amsel* sind Unterzeichner von Aufrufen der UN bzw. beteiligen sich an deren Aktionen – eben auch an der Erstellung und Verteilung von „Schülerinformationen". Da liest man, daß Juden, Franzosen, Polen und Briten Deutschland den Krieg aufgezwungen hätten, daß Eisenhower „eine Million Deutsche umkommen" ließ, daß Lügen über die „Soldaten der ehem. Waffen-SS" verbreitet würden, daß die „Polnische Westgrenze" ein „Popanz" und die „Grenzfrage weiter offen" sei. Themen sind ferner die NATO-Mitgliedschaft, die Asylgesetzgebung und die Auschwitzlüge.

Die Aktivisten der UN arbeiten ehrenamtlich; ein Kostenbeitrag für die Zeitschrift ist keine Pflicht. Das Blatt hat Kontakte zu RECHT UND JUSTIZ, dem Deutschen Rechtsschutzkreis e.V. (dieselbe Postfachadresse), zum AUD, dem Arbeitskreis Unabhängiger Deutscher, zum BISMARCK-DEUTSCHEN (siehe RECHT UND WAHRHEIT) und zur FAP.

WEHR' DICH! Erscheinungsweise: monatlich. Auflage: unbekannt. Eigendruck. Hg. u. Schriftleiter: *Berthold Dinter,* Postfach 1322, 4840 Rheda-Wiedenbrück.

Dinter war 1986 NPD-Kreisvorsitzender von Gütersloh. Er ist der „Rudolf-Heß-Gesellschaft e.V.", der Nachfolgeorganisation der „Hilfsgemeinschaft Freiheit für Rudolf Heß", eng verbunden. Für die Nachfolgerin jener Gesellschaft übernahm Ende 1990 der Sohn von *Rudolf Heß, Rüdiger,* den Vorsitz von seinem Vorgänger *Gert Sudholt.* Referenten der Gesellschaft: *Alfred Seidel,* ehem. bayer. Innenminister, *Alfred Schickel,* Vorsitzender der Zeitgeschichtlichen Forschungsstelle Ingolstadt.

Autoren: Die Beiträge sind nicht namentlich gekennzeichnet.

Eigenen Angaben zufolge erscheint WEHR' DICH! im 8. Jahr. Das Deckblatt verrät das Motto der Publikation: „Unsere Ehre heißt Treue". Treu ergeben ist die Redaktion vor allem ihrem Vorbild *Rudolf Heß*.

In der Ausgabe 8/1990 lädt Dinter für den 18. 8. 1990 zur Heß-Kundgebung in Wunsiedel ein. Ein beigefügter Sonderdruck enthält neben organisatorischen Hinweisen und aufmunternden Parolen auch Kopien des Schriftwechsels zwischen Dinter und dem Landratsamt Wunsiedel, durch das die Kundgebung zu genehmigen war. Als Leiter und Anmelder der Veranstaltung ist dort jeweils *Berthold Dinter* ausgewiesen. Der Verfassungsschutzbericht 1990 erwähnt zwar die nämliche Kundgebung und auch einige Mitinitiatoren, Dinter jedoch mit keinem Wort.

Die WEHR' DICH!-Redaktion rühmt sich: „Man nennt uns rechtsradikal, aber RECHTS-RADIKAL ist der richtige Weg". (S. 5) Oder: „Wir von Wehr' Dich! sind im rechten Lager international anerkannt und führen unseren Namen mit Recht. Man spricht auf internationaler Ebene von uns ..." (8/90, S. 5) Zu internationalen Kontakten: „Am 2. und 3. Juli 1990 fand in Kollund – Dänemark – eine Zusammenkunft von internationalen (sic) wichtigen Personen statt, an welcher unser Herausgeber – der Kamerad *Berthold Dinter* – teilgenommen hat. Aus bestimmten Gründen können wir keine Einzelheiten bekanntgeben ..." (8/90, S. 11).

WIKINGER. *Gestalt und Ausdruck volkstreuer Jugend.* Erscheinungsweise: vierteljährlich. Auflage: 1000. Organ der „Wiking-Jugend e. V. – volkstreue nordländische Jugendbewegung Deutschlands". 1952 gegründet. Eigendruck, Vertrieb und Hg.: Bundesführung der Wiking-Jugend, Brockenberg 5 a, 5190 Stollberg 4. Schriftleitung: *Susanne Pfeiffer.*

Autoren: Nur Beiträge vom Bundesführer der Wiking-Jugend (WJ) und einzelne Fahrtenberichte sind namentlich gekennzeichnet.

Der WIKINGER (WK) spiegelt das Erziehungsprogramm, mit dem die Wiking-Jugend in die Tradition der Hitler-Jugend eingeführt wird. Folglich enthält er reichlich „Informationen" über den Führer *Adolf Hitler.* In einem „Nachruf" heißt es: „Er war eine Jeanne d'Arc, er war ein Heiliger. Er war ein Märtyrer." (WK, 2/89, S. 3) Beim „Jungen und Mädel" werden die „wahren Tugenden" und die Liebe zum Vaterland geweckt, das einstmals über alle Bedränger aus Ost und West siegen wird. Altgermanische Schriftzeichen und Begrifflichkeiten sowie die Pflege der „arteigenen" Religion erinnern an völkische Wurzeln und die Zugehörigkeit zur nordischen Rasse. Die Kinder lernen, sich im Stil der 30er Jahre zu kleiden und sich einer Disziplin zu unterwerfen. Für die männlichen Jugendlichen heißt es dann irgendwann, „... sich dem Kampfe hinzugeben bedingungslos – und ohne jeden Lohn ..." (WK, 2/89, S. 5). Mit Lagerfeuerromantik, Abenteuerfahrten, Gänsehaut erzeugenden Ritualen, öffentlichen Belobigungen und Auszeichnungen nehmen die Jugend-Führer die Kinder für sich ein. Auf mystisch-religiös überhöhte Ideale eingeschworen, gibt es für Wikingjünger keine Alternativen: „Allen gehirngewaschenen, umerzogenen, korrumpierten, heuchelnden, kollaborierenden Nachkriegspolitikern sei ins Stammbuch geschrieben: ‚Wir werden weiter nach der Wahrheit pflügen, es kommt die neue Zeit, vernichtet werden all die großen Lügen, wir sind bereit!'" (WK, 1/89, S. 2)

Konzentrierte sich der WIKINGER Anfang der 80er Jahre noch vorwiegend auf die Darstellung der eigenen Weltanschauung, mehren sich gegen Ende des Jahrzehnts aggressive Attacken gegen Andersdenkende, Andersaussehende und Minderheiten. Der grobschlächtige, nunmehr offene Rassismus kann am Beispiel einer Karikatur verdeutlicht werden. Auf einer Skizze blicken ein dunkelhäutiger Vater und eine hellhäutige Mutter bestürzt auf ein mißgebildetes und offensichtlich geistig behindertes Kind. Unterschrieben ist dieses Pamphlet mit: „Macht der Degeneration durch Bastardierung ein Ende – Stoppt Rassenmischung!" (WK, 2/90, S. 7) Im Verfassungsschutzbericht von 1989 wird darauf verwiesen, daß „die WJ eng mit der neonationalsozialistischen FAP zusammen(arbeitet)" und sich „der neonationalsozialistische Kurs der WJ" verfestigt habe.[*]

Der Verflechtung der Wiking-Jugend mit anderen rechtsextremen Organisationen und der Radikalisierung des WIKINGERS korrespondiert ein zunehmender Aktualitätsbezug. Vor diesem Hintergrund ist es aufschlußreich, daß eineinhalb Jahre *vor* den schockierenden Ereignissen in Hoyerswerda der WK (*2/90*, S. 29) meldet:

„Neger-Jäger
In Hoyerswerda stören Ghanesen (= Neger aus Ghana) das deutsche Stadtbild, so meinten jedenfalls 200 Jugendliche und lieferten sich mit den afrikanischen Fremdarbeitern eine Straßenschlacht. Als die Neger nach ihrem Rückzug in ihre Unterkunft die vor der Tür wartenden Jugendlichen beschimpften, wurden ihnen die Scheiben eingeworfen. Zustimmendes Gemurmel und anfeuernde Rufe der eilig zusammengelaufenen Bevölkerung begleiteten die Tat …" (WK, 2/90, S. 29)

Im Herbst 1991 kommentiert die Presse solche Vorkommnisse in Hoyerswerda mit Abscheu: „Und die Nachbarn klatschen Beifall."[**] Oder: „Hinzu kommt, daß dort der vielbeschworene ‚unbescholtene Bürger' offen seine Sympathie für Neonazis bekundet."[***] Wie läßt sich erklären, daß im Frühjahr 1990 die Öffentlichkeit von den Vorfällen in Hoyerswerda keine Notiz nahm? Sind sie von den Ordnungskräften totgeschwiegen worden? Aber dann können nur Insider oder Teilnehmer an der Ausländer-Hatz mit Kontakten zum WK dem Neonazi-Organ die Informationen zugespielt haben. Oder handelt es sich gar nicht um die Meldung eines stattgefundenen Ereignisses, sondern um eine Aufforderung an die Adresse der örtlichen Neonaziszene?

---

[*] Vgl. Der Bundesminister des Innern (Hg.), „Verfassungsschutzbericht 1989", S. 134.
[**] Vgl. „Und die Nachbarn klatschen Beifall" in: Westdeutsche Allgemeine Zeitung vom 23. 9. 1991.
[***] Vgl. „Die Lehren von Hoyerswerda", Frankfurter Rundschau vom 24. 9. 1991.

Seit nahezu 40 Jahren doktriniert und instrumentalisiert ein an der Hitler-Jugend orientierter Verband unbehelligt Kinder und Jugendliche; im WIKINGER kann dies nachgelesen werden. Angesichts der jüngsten Entwicklung in der Neonazi-Szene ist es an der Zeit, diesem Treiben durch den verstärkten Einsatz politischer Programme und, wenn es sein muß, durch ordnungspolitische Maßnahmen den Boden zu entziehen.

WIR SELBST. *Zeitschrift für Politik und Kultur.* Erscheinungsweise: ab 1991 monatlich. Auflage: 5000. 1979 gegründet. Verlag: Siegfried Bublies, Postfach 168, 5400 Koblenz. Red. und v.i.S.d.P.: *Siegfried Bublies,* Redakt.: *Werner Olles, Gerhard Quast, Marcus Bauer, Roland Wehl.*

Autoren u. a.: *Hellmut Diwald, Gerd Vonderach, Werner Olles, Henning Eichberg, Günter Platzdasch, Peter Dudek, Arno Klönne, Theodor Schweisfurth* (SPD), *Sebastian Haffner, Peter Bahn, Marcus Bauer, Günter Maschke, Wolfgang Seiffert, Eike Hennig.*

Interviews: *Alfred Mechtersheimer, Detlef Kühn* (FDP, ehem. Präsident des Gesamtdeutschen Instituts in Bonn).

WIR SELBST verweist im Impressum stolz auf seine Autoren: Wortführer der deutschsprachigen *Neuen Rechten* und solche, die gelegentlich dem linken Spektrum zugerechnet werden (*Günter Maschke* z.B.). Der Rezipientenkreis der Zeitschrift reichte noch Anfang der 80er Jahre bis in die Ökologie- und Friedensbewegung.

Dem Wortlaut nach berücksichtigt WIR SELBST neben der nationalen Frage auch „Emanzipationsbewegungen, Menschenrechtsprobleme sowie die Entwicklung der Völker in der Dritten Welt zur kulturellen Autonomie" (Ausgabe 2/90, S. 47). Die Begriffe „Emanzipation", „Menschenrecht" und „Autonomie" werden nicht im gebräuchlichen Kontext verwandt, wie dem *Ethnopluralismus-Konzept* des Meinungsführers von WIR SELBST, *Henning Eichberg,* zu entnehmen ist. Als Konsequenz ergibt sich dort – das kann die vornehme Wortwahl nicht verdecken –, was im Klartext *Rassentrennung* heißt. Dem korrespondiert die „kulturelle" bzw. „ethnische Homogenität" einer Nation, mithin das rassisch reine Deutschland. Offen und direkt ist nicht mehr die Rede von der Höherwertigkeit der eigenen Rasse, die sich vor der „Mischung" mit „minderwertigem Erbgut" schützen will. Vielmehr sind die Völker *jeweils* schutzwürdig und müssen deshalb unvermischt erhalten bleiben. Menschen aus anderen Kontinenten sollen ihre „eigene Tradition" entdecken und sich von „universalistischen Ideologien" emanzipieren – aber jedenfalls nicht nach Europa kommen. Hier soll ein Weg gefunden werden, Armutsflüchtlinge fernzuhalten und sich der Haftung für die Zustände in den ausgepowerten Ländern zu entziehen. Das *Ethnopluralismus-Konzept* ist ein Beispiel dafür, wie die Tätergeschichte und Verantwortung Europas systematisch geleugnet werden soll.

IV. Die Autoren der besprochenen Presseorgane

Amsel, Dr. H. G. Insektenkundler, Mitglied des wissenschaftlichen Beirates der *Gesellschaft für biologische Anthropologie.* Amsel schreibt für EUROPA VORN und stützt Aktionen der UN.UNABHÄNGIGE NACHRICHTEN.

Anrich, Prof. Ernst. 1932 veröffentlicht Anrich die Broschüre „Drei Stücke über nationalsozialistische Weltanschauung". Er gründet die *Völkische Studentengruppe* und überführt sie in den NS-Studentenbund. Seit 1966 ist er Mitglied des Parteipräsidiums der NPD, seit 1967 im Bundesvorstand der rechtsextremen Studentenverbindung *Witikonen.* Anrich ist Autor von EUROPA. NATIONALEUROPÄISCHES FORUM.

Arndt, Prof. Dr. Hans-Joachim. Ordinarius für Politikwissenschaft an der Universität Heidelberg (emeritiert), veröffentlichte 1978 sein Buch „Die Besiegten von 1945", das für die Entwicklung eines neuen Nationalbewußtseins wirbt und sich für die Wiedergewinnung der „vollen politischen Souveränität" einsetzt. Wie *Bernard Willms,* dessen Anhänger Arndt war (Willms verstarb 1990), begreift *Arndt* sich als Multiplikator einer „Idee der Nation", die einer „Systemveränderung" (vor allem von *links*) entgegenarbeiten soll. *Arndt* ist Mitglied des sogenannten *Deutschlandrates*[*], der sich für die Entkriminalisierung der deutschen Geschichte einsetzt, und ist Kuratoriumsmitglied der REP-Stiftung *Carl-Schurz*[**]. 1981 verfaßt Arndt ein Gutachten, das der *Deutschen Gesellschaft für Frie-*

---

[*] Dem Deutschlandrat gehören ferner an: Prof. Dr. *Hellmut Diwald,* Prof. Dr. *Robert Hepp,* Dr. *Armin Mohler, Franz Schönhuber,* Prof. Dr. *Wolfgang Seiffert,* Prof. Dr. *Bernard Willms.*

[**] Dem Kuratorium gehören ferner an: Prof. Dr. *Hellmut Diwald,* Dr. *Armin Mohler,* Prof. *Emil Schlee,* Dr. *Franz Uhle-Wettler, Schönhubers* Ehefrau *Ingrid.*

dens- und Konfliktforschung marxistische Denkansätze nach-
sagt und zur Einstellung der Forschungsförderung führt. Arndt
schreibt für CRITICON und die STAATSBRIEFE.

Becher, Dr. Walter. Im Nationalsozialismus engagierter Redakteur bei einer NSDAP-freundlichen Zeitung. Das Mitglied der
rechtsextremen WITIKONEN gelangt über die CSU-Landesliste 1965 in den Bundestag und fungiert von 1968–1982 als Sprecher der Sudetendeutschen Landsmannschaften. Er schreibt für
MUT und ist Gastredakteur bei den FRAGMENTEN.

Benoist de, Alain. Führender Theoretiker der sogenannten *Neu-
en Rechten* in Frankreich (das Attribut „neu" wies die Gruppierung sich selbst zu), Preisträger der *Académie française*. Seit
1969 Chefredakteur der Zeitschrift *Nouvelle École*, ständiger
Mitarbeiter von *Figaro Magazine* und *Valeurs actuelles*. Benoist
gewinnt neue Schichten für rechtskonservative Ideen, kommt
beispielsweise bei Akademikern und der gebildeten Jugend an.
Die *Neue Rechte* will eine *société de pensée* (Gedankengesell-
schaft) sein. Ihr Ziel ist z.B. die Entwicklung einer „*Neuen*"
Ökonomie, und wenn man genau hinsieht, einer „*Neuen*" *Gesellschaft:* Das „Neue" ist erklärtermaßen Programm, zumindest dem Wortlaut nach. Die Modernisierung bezieht sich auf
das strategische Denken (Aufweichung des Lagerdenkens etwa)
und die Weise der Imagepflege. Wenn es aber – um ein inhaltliches Ziel zu nennen – gilt, den vermeintlich herrschenden *Egalitarismus* abzuschaffen, dann werden nur Relikte aus vordemokratischen Zeiten repetiert, die Wiederherstellung und Legiti-
mation von alten Vorrechten für Wenige in einer *hierarchischen*
Gesellschaft. Benoist ist Autor und wissenschaftlicher Beirat
der NEUEN ANTHROPOLOGIE, schreibt für die AFP-IN-
FORMATIONEN, DEUTSCHLAND IN GESCHICHTE
UND GEGENWART und THE SCORPION.

Christophersen, Thies. Im Nationalsozialismus SS-Offizier in
einem Nebenlager von Auschwitz, nach dem Krieg zunächst
Mitglied der CDU, dann der *Deutschen Partei* (DP), später

NPD, Herausgeber der BAUERNSCHAFT. In seiner Broschüre „Die Auschwitz-Lüge" bestreitet Christophersen die Morde an Juden. Mehrmals stand er wegen Verbreitung von NS-Propaganda bzw. von verfassungswidrigen Symbolen vor Gericht. 1986 konnte er sich einer erneuten Verurteilung durch die Übersiedlung nach Dänemark entziehen. Christophersen vertreibt nun von dort aus ungehindert seine Publikationen. Trotz Haftbefehl reist Christophersen in Deutschland unbeeinträchtigt hin und her; im Juli letzten Jahres beantragte er in Baden-Württemberg – persönlich – einen Paß. Dänische Stellen wurden mittlerweile gebeten, die Papiere wieder einzuziehen.

Deckert, Günter. Kandidiert 1969 auf der NPD-Liste für den Bundestag. 1975 und 1980 in den Weinheimer Gemeinderat gewählt. 1988 wird Deckert, Oberstudienrat, aus dem Schuldienst entlassen. Nach dem Rücktritt von *Martin Mußgnug* im Juni 1991 erfolgt seine Wahl zum Parteivors. der NPD. 1992 Verurteilung zu 1jähriger Haft auf Bewährung und Geldbuße von 10 000 DM (Auschwitzlüge). Deckert schreibt für NATION UND EUROPA. DEUTSCHE MONATSHEFTE sowie für die UN.UNABHÄNGIGE NACHRICHTEN.

Dehoust, Peter. Seit 1968 der NPD verbunden, 1970 bayerischer NPD-Landtagskandidat, 1972 Vorstandsmitglied des bayerischen NPD-Landesverbandes, 1978 NPD-Kandidat in Oberfranken, Vorstandsmitglied der *Gesellschaft für freie Publizistik*, Redakteur der alten Ausgabe von NATION UND EUROPA und der neuen NATION UND EUROPA (ab 1990 NATION UND EUROPA/DEUTSCHE MONATSHEFTE). Dehoust ist Anhänger der Apartheid und unterstützt das *Hilfskommitee Südliches Afrika*.

Dinter, Berthold. Ehem. NPD-Kreisvorsitzender von Gütersloh und Herausgeber von WEHR'DICH, auch für die *Rudolf-Heß-Gesellschaft. e. V.* (siehe zu Sudholt) aktiv.

Diwald, Prof. Dr. Hellmut. Prof. für Geschichte (emeritiert), Autor von BADISCHER LANDBOTE, schreibt auch für CRITICÓN, EUROPA VORN, MUT, WIR SELBST und die Zeitschrift DER REPUBLIKANER. Ferner ist er Verfasser der Präambel des neuen Partei-Programms der REP. Als Mitinitiator und Unterzeichner des 1983 gegründeten *Deutschlandrates* (siehe zu *Arndt*) tritt er für die Entkriminalisierung der deutschen Geschichte ein. Diwald ist auch Kuratoriumsmitglied in der *Carl-Schurz-Stiftung* (REP) (siehe zu *Arndt*).

Ehrhardt, Arthur. Im Nationalsozialismus Schulungsleiter der Reichswehr, SA-Ausbildungsleiter, SS-Sturmbannführer und Chef der Bandenbekämpfung im Führerhauptquartier, gründet 1951 die Zeitschrift NATION UND EUROPA, in der europäische Rechtsradikale ein Forum finden.

Eichberg, Henning. Lehrt Kultursoziologie in Kopenhagen. Ehemals CDU-Mitglied. Pseudonyme: Hartwig Singer, Thorsten Sievers. Eichberg ist Vordenker von WIR SELBST. Im rechten Lager wird vielfach auf sein *Ethnopluralismus-Konzept* zurückgegriffen. Beiträge in WIR SELBST und JUNGES FORUM.

Faurisson, Prof. Robert. Ordinarius für Literatur in Lyon und renommierter Vertreter der Behauptung, die Verbrechen von Auschwitz seien „historische Lüge, schreckliche Verleumdung, ekelhafte Diffamation".[*] Mit seiner bereits in den 60er Jahren veröffentlichten Schrift: „Es gab keine Gaskammern" liegt Faurisson auf der Linie von *Christophersen* und *Zündel*. Bei revisionistischen Veranstaltungen und Kongressen in der Bundesrepublik ist er gern gesehener Redner. Ein französisches Gericht verurteilt Faurisson wegen der Leugnung der Nazi-Verbrechen im April 1991 zwar zu 30 000 Mark Geldstrafe auf Bewährung, kritisiert aber, daß das neu ins Strafrecht aufgenommene Gesetz eine Beschränkung des Rechtes auf Meinungsfreiheit sei.[*]

---

[*] Vgl. die TAZ vom 20. 4. 91.

Faurisson schreibt für CODE und DEUTSCHLAND IN GE-
SCHICHTE UND GEGENWART.

Fiedler, Hans-Michael. 1972 NPD-Bundestagskandidat in Niedersachsen, Herausgeber der Zeitschrift MISSUS und Redakteur beim DEUTSCHEN HOCHSCHULANZEIGER. 1988
wurde Fiedler beim NPD-Landesvorstand Niedersachsen Referent für politische Bildung. Er ist Redakteur beim NPD-Organ
DEUTSCHE STIMME und schreibt Artikel für die STAATS-
BRIEFE. Außerdem leitet Fiedler die Göttinger *Schüler- und
Studentenunion,* den *Studentenbund Schlesien* und die *Hoch-
schulgruppe Pommern.* Pikanterweise hat das Oberverwal-
tungsgericht Lüneburg dem Land Niedersachsen (Innenmini-
sterium und Verfassungsschutz) jüngst untersagt, die Göttinger
Schüler- und Studentenunion Ostpreußen (SUO) als „rechtsextremistischen Zirkel" zu bezeichnen. Die SUO wird ebenfalls
vom NPD-Funktionär Fiedler geleitet.

Frey, Dr. Gerhard. Seit 1959 ist Frey Herausgeber und Chefredakteur der NATIONALZEITUNG. Als Alleininhaber und
als Mitgesellschafter von Verlagen (z.B. bei NATION UND
EUROPA und Vertriebenenzeitungen), aber auch durch den
Aufkauf verschiedener Zeitungen hat Frey großen publizistischen Einfluß. 1971 gründet er die Deutsche Volksunion
(DVU) und wird deren Vorsitzender. Frey initiiert eine Reihe
von Aktionen, z.B.: die *„Initiative für Ausländerbegrenzung",*
den *„Ehrenbund Rudel – Gemeinschaft zum Schutz der Frontsoldaten"* und den *„Schutzbund für Leben und Umwelt".*

Gauland, Alexander. Ständiger Mitarbeiter von CRITICON,
Mitglied der CDU, ehem. Mitarbeiter im Presse- und Informa-
tionsamt der Bundesregierung, ehem. Mitarbeiter von *Walter
Wallmann.*

Grimm, Dr. Holle. Tochter von *Hans Grimm,* des Autors von
„Volk ohne Raum", NPD-Kandidatin, ehem. Geschäftsführerin der *Gesellschaft für freie Publizistik* (GfP) und Mitgesell-

schafterin des Nation Europa-Verlags. Als Leiterin des Klosterhaus-Verlags ist sie eine Anlaufstelle für konservative bis rechtsradikale Autoren und führt so das Werk ihres Vaters weiter.

Grund, Johanna. Ehem. Stellvertretende Bundesvorsitzende der Republikaner, Mitglied des Europaparlaments. Johanna Grund schrieb für CREDO, ist Autorin von DIE BAUERNSCHAFT des *Thies Christophersen.*

Hepp, Prof. Dr. Robert. Ordinarius für Soziologie, arbeitet nach eigenen Angaben auf dem Gebiet der „Bevölkerungswissenschaft", veröffentlicht u. a. „Die Endlösung der deutschen Frage". Hepp wirft den Deutschen Hypermoral und fehlendes Volksbewußtsein vor. Er ist Mitglied des sogenannten *Deutschlandrates* (siehe zu Arndt) und schreibt für die STAATSBRIEFE.

Hunke, Dr. Sigrid. Ehrenpräsidentin der *Deutschen Unitarier,* promovierte in den 40er Jahren bei dem NS-Rassen-Psychologen *Günther.* Hunke gehört zu den Kritikern der „orientalischen" und von daher als „artfremd" bewerteten christlichen Religion. Es ist nicht etwa das Mißfallen an dem überzogenen Anspruch einer lediglich individuell verbindlichen Glaubenslehre, sondern umgekehrt. Der Verlust der „metaphysischen Bezüge" und des „Ganzen", das Fehlen der totalen Umfassung des Menschen ist es nach Hunke, an dem es jener Religion mangelt.[*] Deren Misere sieht sie begründet in der ihr typischen „Trennung von Gott und Welt" (d. h. der Differenzierung zwischen jenseitiger- und diesseitiger Sphäre). Die Erlösung des nachchristlichen Menschen von der „totalen Sinnlosigkeit" und dem „eisigen Nihilismus" gelingt nach Hunke durch die Zuwendung zu den europäischen Wurzeln – als da sind: vorsokratische Weltdeutungsmuster, mystische Seinsvergegenwärtigun-

---

[*] Vgl. Sigrid Hunke, „Was trägt über den Untergang des Zeitalters?", in: Elemente, 1. Quartal 1986, S. 40.

gen und europäische Religionselemente.* Hunke schreibt für EUROPA und die Zeitschrift ELEMENTE.

Kaltenbrunner, Gerd-Klaus. Österreichischer Schriftsteller mit bundesrepublikanischem Wohnsitz, ausgezeichnet mit dem *Konrad Adenauer-Preis für Literatur,* ständiger Mitarbeiter von MUT und Autor in CRITICÓN, NATION UND EUROPA. DEUTSCHE MONATSHEFTE, DEUTSCHLAND IN GE-SCHICHTE UND GEGENWART, EUROPA. NATIO-NALEUROPÄISCHES FORUM und JUNGES FORUM. Der Vorzeige-Konservative (zeitweilig Herausgeber einer viel-bändigen Reihe im Herder-Verlag) ist ein routinierter Stratege der sogenannten *Neuen Rechten.* So wandelte sich die rechtsex-tremistische Jugendzeitschrift MUT (bis 1983 im Verfassungs-schutz-Bericht erwähnt), seit seiner Mitarbeit zum Sprachrohr der Konservativen des bürgerlichen Lagers.

Kausch, Karl-Heinz. Ehem. Mitglied der Waffen-SS, nach Bei-trägen im „Freiwilligen" der HIAG-Waffen-SS vom Schul-dienst suspendiert.

Kendzia, Rudolf. Von 1967 bis 1969 stand Kendzia als Landes-vorsitzender der NPD Berlin (West) vor, dann Übertritt zur CDU, Mitglied des CDU-Wirtschaftsrates bis 1986. Nach 1989 Mitglied der Berliner REP, Oktober 1991 Beitritt zur *Liga für Volk und Heimat,* deren Vorsitzender Kendzia wird. Er war Autor bei den BERLINER NACHRICHTEN und schreibt für die DEUTSCHE RUNDSCHAU.

Kernmayr (auch Kern), Erich. Im Nationalsozialismus SS-Un-tersturmführer, Pressereferent der *Hilfsgemeinschaft auf Ge-genseitigkeit der Soldaten der ehemaligen Waffen-SS* (HIAG), Herausgeber der DEUTSCHEN WOCHENZEITUNG, ehem. Chefredakteur der DEUTSCHEN SOLDATENZEI-TUNG, des REICHSRUFS (Organ der verbotenen Deutschen

---

* Vgl. ebenda.

Reichspartei) und der DEUTSCHEN NACHRICHTEN. Ständiger Mitarbeiter von NATION EUROPA, der KLÜTER-BLÄTTER, die in DEUTSCHE MONATSHEFTE übergingen, die wiederum von NATION UND EUROPA aufgekauft wurden. Kernmayr starb 1991.

Knabe, Gerd. Im Nationalsozialismus Offizier der Waffen-SS, amüsierte viele Jahre mit einem Rechts-Kabarett die einschlägige Szene: Auftritte bei der NPD-GfP und dem *Deutschen Kulturwerk Europäischen Geistes* (DKEG). Knabe ist Autor in den DEUTSCHEN MONATSHEFTEN und Inhaber des Winkelberg-Verlags.

Koschyk, Hartmut. Für die CSU im Bundestag, 1987 zum Generalsekretär des Bundes der Vertriebenen (BdV) gewählt, trat anläßlich einer verlorenen Kampfabstimmung auf der BdV-Bundesversammlung am 30. Juni '91 zurück. Er plädiert dafür, mit „den bestehenden Grenzen ... Frieden zu machen". Noch waren die Delegierten des immerhin 2,3 Millionen Mitglieder zählenden Verbandes nicht bereit, ihm zu folgen. DESG-INFORM nennt Koschyk, der Vorsitzender der „Arbeitsgruppe Vertriebene und Flüchtlinge" im Bundestag ist, einen „Spaltpilz" im Vertriebenenbund (1/92, S. 8). Koschyk ist Autor in MUT.

Kosiek, Dr. Rolf. 1968 wird Kosiek erstmals NPD-Landtagsabgeordneter, 1973 Mitglied des NPD-Bundesvorstands, 1977 NPD-Landesvorsitzender in Baden-Württemberg. Seine Klage wegen Nichtübernahme ins Beamtenverhältnis wird 1980 endgültig abgewiesen. Kosiek ist Mitarbeiter bei der NEUEN ANTHROPOLOGIE. Er schreibt für DAS FREIE FORUM, DEUTSCHLAND IN GESCHICHTE UND GEGENWART, JUNGES FORUM, UN.UNABHÄNGIGE NACHRICHTEN.

Kühnen, Michael. Ehem. Bundeswehrleutnant, Mitbegründer der *Aktionsgemeinschaft Nationaler Sozialisten/Nationale Ak-*

tivisten (ANS/NA), die nach ihrem Verbot 1983 als „Die Bewegung" ihre Aktivitäten fortsetzt. Kühnen unterhält Kontakte zur Wehrsportgruppe *Hoffmann*, wird schließlich aus der Bundeswehr entlassen. Zahlreiche Ermittlungsverfahren, Verurteilungen und mehrmalige Haft sind die Konsequenz aus folgenden Straftatbeständen: Körperverletzung, Verbreitung neonazistischer Materialien, Rassenhetze, Volksverhetzung, Verstoß gegen das Versammlungsgesetz, Verstoß gegen das Vereinsgesetz, Bildung einer terroristischen Vereinigung, Verwendung von NS-Symbolen, Verunglimpfung des Staates und seiner Organe, uneidliche Falschaussage, Verherrlichung von Gewalt. Als Kopf der „Bewegung" setzt Kühnen in der Haftanstalt seine Propagandaarbeit fort, u. a. mittels der Zeitschrift DIE NEUE FRONT. Kühnen nennt *Hitler* sein Vorbild und setzt sich für die Wiederzulassung der NSDAP ein. Im Sommer 1991 stirbt er an den Folgen einer HIV-Infektion.

Lauck, Gerhard (Gary Rex). Kopf der nationalsozialistischen Bewegung Amerikas, Gründer der NSDAP-Auslandsorganisation in den USA, Redakteur und Verleger der in Deutschland illegal vertriebenen Zeitung NS KAMPFRUF – Kampfschrift der nationalsozialistischen deutschen Arbeiterpartei Auslands- und Aufbauorganisation. Lauck schleust erfolgreich rassistische und neonazistische Materialien nach Deutschland ein, wie auch *Zündel* scheinbar ohne Schwierigkeiten aus Kanada seine Publikationen hier verbreiten kann, etwa den *Leuchter-Report,* dessen Erwerb *Walendy* offen in Aussicht stellt.

Lohausen, Jordis Freiherr von. Österreichischer Ex-General und *Geopolitiker,* ständiger Mitarbeiter bei den ELEMENTEN, dem Organ des Thule-Seminars, Autor in *Willms* „Handbuch zur deutschen Nation", schreibt für GRECE, einem Blatt der „Nouvelle Droite", ferner für die DEUTSCHEN MONATSHEFTE und die STAATSBRIEFE.

Manke, Alfred E. Mitbegründer der Aktion Widerstand („Brandt an die Wand"), 1972 als Parteiloser NPD-Bundestagskandidat. In seinem Arbeitszentrum im Bassum schult Manke Funktionäre aus dem rechten Spektrum. Bei der rechtsextremistischen Jugendzeitschrift MUT war er Mitarbeiter. Manke vertritt die in Österreich verlegten KOMMENTARE ZUM ZEITGESCHEHEN in Deutschland.

Mohler, Dr. Armin. Schweizer. Nach unerfülltem Wunsch, der SS beizutreten, zeitweilig Privatsekretär *Ernst Jüngers;* nach dem Krieg zunächst Mitglied der CSU. Der ehem. stellvertretende Chefredakteur des Bayerischen Rundfunks und Geschäftsführer der Siemensstiftung ist heute Berater *Franz Schönhubers,* Mitglied des sogenannten *Deutschlandsrates* (siehe zu *Arndt*) und Kuratoriumsmitglied der REP-Stiftung *Carl-Schurz* (siehe zu *Arndt*). Mohler versteht die „Kunst des Formulierens". Als intimer Kenner der französischen *Nouvelle Droite* ist er aber nicht nur in dieser Hinsicht mit den deutschen Rechten unzufrieden. In Deutschland gibt es seiner Auffassung nach zuviel „Trotzhaltung" bei den Alten und zuviel „Anti-Intellektualismus" bei den Jungen.[*] Die Umgestaltung und Modernisierung, d.h. die Formung einer *Neuen Deutschen Rechten* nach französischem Vorbild, ist Mohlers Anliegen. In seinem Buch: „Der Nasenring. Im Dickicht der Vergangenheitsbewältigung", Essen 1989, plädiert er erneut dafür, endlich die Fesseln der jüngeren Geschichte abzustreifen und den Blick nach vorn zu richten. Der Mitbegründer und ständige Mitarbeiter von CRITICON schreibt außerdem für EUROPA VORN, MUT, NATION UND EUROPA-DEUTSCHE MONATSHEFTE, für den REPUBLIKANER und für die STAATSBRIEFE.

Mosler, Jürgen. Mitglied der 1983 verbotenen *Aktionsfront Nationaler Sozialisten/Nationale Aktivisten (ANS/NA),* Mitglied der Gruppe „Die Bewegung". Nach einer Kampagne gegen *Michael Kühnen,* dem homosexuelle Neigungen nachgesagt wur-

---

[*] Vgl. Mohlers Einleitung zu Alain de Benoist, „Kulturrevolution von rechts", Krefeld 1985, insbes. S. 12.

den (Kühnen beruft sich auf den homosexuellen SA-Staabschef *Röhm,* Mosler wiederum fordert Askese und will „krankhafte Abnormitäten" nicht dulden), kommt es zur Spaltung der „Bewegung" und zur Unterwanderung der FAP. Die Ziele der „Bewegung" lassen sich an den verschiedenen Aktionsgruppennamen ablesen. Bekannt werden: Das *„Kommitee zur Vorbereitung der Feierlichkeiten zum 100. Geburtstag Adolf Hitlers",* die *„Antizionistische Aktion",* das *„Antikommunistische Aktionsbündnis",* die *„Volksbewegung gegen Überfremdung",* die *„Aktion Lebensschutz".* Das Presseorgan der Mosler-Gruppe wird wie das der Kühnen-Gruppe DIE NEUE FRONT genannt. Die Mosler-Ausgabe erscheint nur einige Male.

Motschmann, Prof. Dr. Klaus. Ordinarius für evangelische Theologie, Redaktionsmitglied der von *Schrenck-Notzing* herausgegebenen Zeitschrift CRITICON, stellvertretender Vorsitzender der rechtslastigen *Evangelischen Notgemeinschaft.*

Mußgnug, Martin. Rechtsanwalt, zunächst Mitglied der *Deutschen Reichspartei* (DRP), 1964 Mitbegründer der NPD, 1968 in Baden-Württemberg NPD-Landesvorsitzender und NPD-Abgeordneter im Landtag, löst 1971 *Adolf von Thadden* als NPD-Bundesvorsitzenden ab. Nach einigen Querelen übernimmt 1991 *Deckert* den Vorsitz der NPD. Mußgnug schrieb für die DEUTSCHE STIMME. Bei der kürzlich gegründeten *Deutschen Liga für Volk und Heimat* leitet Mußgnug die Rechtsabteilung.

Neubauer, Harald. Mitglied der NPD, die er Anfang der 70er Jahre verläßt, um Beauftragter der *Deutschen Volksunion* (DVU) in Hamburg zu werden. Nach erneutem Beitritt zur NPD wird er deren Pressesprecher in Bayern und Redakteur des DEUTSCHEN ANZEIGERS. Er wechselt abermals die Partei, nun zu den REP. 1985 wird er zum REP-Generalsekretär und 1989 ins Europaparlament gewählt. Er verläßt auch die REP und versucht durch die Bildung der *Deutschen Allianz* die Rechte in der Bundesrepublik zu einen. Die Führung des Namens wird verboten. Der neue Name: *Deutsche Liga für Volk und Heimat*. Den Vorsitz der *Deutschen Liga* führt *Harald Neubauer* zusammen mit *Rudolf Kendzia* und *Jürgen Schützinger* – auch ehemalige NPD- bzw. REP- und DVU-Gefolgsleute. Seit 1992 ist Neubauer Mithg. von NATION UND EUROPA.

Neumann, Kurt. Gründet den *Arbeitskreis Unabhängiger Deutscher e. V.* (AUD) und wird dessen Vorsitzender. Für die Grünen geht er zwei Jahre in den Stadtrat von Kornwestheim. Nach seinem Tode übernimmt *Karl Heinz Reed* die Leitung des AUD und gibt auch das AUD-Mitteilungsblatt DIE AUS-SPRACHE heraus.

Oberlercher, Dr. Reinhold. Ehem. Theoretiker des *Sozialistischen Deutschen Studentenbundes* (SDS), sagt von sich, er sei „Nationalmarxist" und Gegner aller „Anti-Nationalen" bzw. One-World-Verfechter".* Oberlercher ist Autor von BADI-SCHER LANDBOTE und EUROPA. NATIONALEURO-PÄISCHES FORUM (Nachfolgerin: ZEITENWENDE), er schreibt ferner für CRITICON, EUROPA VORN, JUNGES FORUM und für die STAATSBRIEFE.

Oven, Wilfred von (oft auch Wilfried). Im Nationalsozialismus persönlicher Referent von *Josef Goebbels,* Chefredakteur der im Grabert-Verlag erscheinenden Zeitschrift DEUTSCH-LAND IN GESCHICHTE UND GEGENWART, Mitarbeiter der DEUTSCHEN NATIONALZEITUNG, Autor von DEUTSCHE MONATSHEFTE und HUTTENBRIEFE. Von Oven lebt in Argentinien. Seit 1969 ist er Herausgeber und Chefredakteur der in Argentinien erscheinenden Zeitung LA PLATA RUF (deutschsprachig).

Pagel, Carsten. Ehem. Mitglied der *Jungen Union* (JU), Autor in den BERLINER NACHRICHTEN und bei der JUNGEN

---

* Vgl. „Pöbelherrschaft und schwacher Staat als Zersetzungsform der Demokratie", in: BADISCHER LANDBOTE, Ausgabe 3/89, S. 10f.

FREIHEIT. Pagel war Landesvorsitzender der Berliner REP und ist dann der *Deutschen Liga für Volk und Heimat* beigetreten.

Pape, Martin. Gründet 1978 die *Freiheitliche Deutsche Arbeiterpartei* (FAP). Die FAP wird von der 1983 verbotenen ANS/NA-Nachfolgerin „Die Bewegung" des *Michael Kühnen* unterwandert und wählt Pape 1988 ab. Neuer FAP-Vorsitzender wird *Friedhelm Busse.* Pape ist Autor und Herausgeber von DEUTSCHER STANDPUNKT.

Paproth, Torsten. Ehem. Kreisvorsitzender der NPD in Konstanz, später Anhänger der REP. Gründer und Hg. von BADISCHER LANDBOTE (1990 mit EUROPA VORN vereinigt), Mitglied der EUROPA VORN-Redaktion, seit 1992 in Schlesien aktiv.

Platzdasch, Günter. Frankfurter SPD-Mitglied, das auch unter dem Pseudonym Schatzpald schreibt, Autor von NATION UND EUROPA und WIR SELBST.

Pozorny, Reinhard. Im Nationalsozialismus NS-Gaustellenleiter, Funktionär der Sudetendeutschen Landsmannschaft, Mitherausgeber der DEUTSCHEN WOCHENZEITUNG.

Remer, Otto Ernst. Im Nationalsozialismus beteiligt an der Vereitelung der Verschwörung des 20. Juli, von Hitler persönlich geehrt und befördert, nach dem Krieg Mitbegründer der später verbotenen *Sozialistischen Reichspartei* (SRP). Anfang der 50er Jahre bereits wegen Beleidigung der Widerstandskämpfer verurteilt, weitere Verurteilungen und Festnahmen folgen. 1982 gründet Remer den Freundeskreis *Ulrich von Hutten* und kurz darauf die *Deutsche Freiheitsbewegung* (DDF), die sich mit der Zeitschrift DER BISMARCK-DEUTSCHE ein Forum schafft. Es folgen weitere Verurteilungen und dann die Umbenennung des BISMARCK-DEUTSCHEN in RECHT UND WAHRHEIT. *Stimme des Bismarckdeutschen,*

6/92 in RECHT UND WAHRHEIT. *Stimme des parteiunab-hängigen Deutschen.* Die Ausgabe März/April 1990 wird von der Staatsanwaltschaft Schweinfurt eingezogen. 1991 verurteilt das Schöffengericht in Bad Kissingen Remer erneut wegen Volksverhetzung und Aufstachelung zum Rassenhaß zu einer Geldstrafe. Er hatte behauptet, die Existenz von Gaskammern in Auschwitz seien in einer „alliierten Lügenfabrik" erfunden worden. 1992 steht Remer wieder vor dem Richter. Er versteht es, sich als Opfer der Justiz darzustellen, und zieht nicht zuletzt wegen seiner Unbeugsamkeit Jugendliche in seinen Bann.

Richard, Hans-Joachim. Im Nationalsozialismus Mitglied der Waffen-SS; NPD-Redner, Mitherausgeber der DEUTSCHEN WOCHENZEITUNG und Autor bei NATION UND EU-ROPA, vertritt später DVU-Politik. Der ehem. Pressereferent des Bundesministers und niedersächsischen Ministerpräsidenten a.D. Heinrich Hellwege (bis 1979 CDU) starb im Frühjahr 1991.

Rieger, Jürgen. Rechtsanwalt, ehem. Mitglied der NPD und der *Wiking-Jugend* (WJ), ehem. BHJ-Funktionär. 1972 übernimmt Rieger den Vorsitz in der *Gesellschaft für biologische Anthropologie, Eugenik und Verhaltensforschung* und wird verantwortlicher Redakteur bei der NEUEN ANTHROPOLOGIE, dem Organ der GfbAEV. Wegen Körperverletzung und „Verunglimpfung Verstorbener" wird er zu Geldstrafen verurteilt. Rieger ist Rechtsbeistand namhafter Rechtsextremisten, so für *Jürgen Mosler* (BEWEGUNG), *Thies Christophersen* (DIE BAU-ERNSCHAFT), *Berthold Dinter* (WEHR' DICH), *Michael Kühnen* sowie die mittlerweile eingestellte österreichische rechtsextreme Zeitschrift SIEG. Er ist außerdem Herausgeber der NORDISCHEN ZEITUNG und der NORDISCHEN ZUKUNFT sowie verantwortlich für die Mitteilungen des *Deutschen Rechtsschutzkreises/Deutsche Rechtsschutzkasse* (DRSK) RECHT UND JUSTIZ. Rieger tritt auch als Redner bei der *Nationalistischen Front* (NF) auf, der er mittlerweise zugerechnet wird.

Roeder, Manfred. Gründer der *Deutschen Bürgerinitiative* (BBI), Mitarbeit bei der BAUERNSCHAFT des *Thies Christophersen*, zu dessen Publikation „Die Auschwitz-Lüge" er ein Vorwort schreibt. 1977 flieht er in die Schweiz, um einer drohenden Verhaftung zu entgehen. Roeder, ein glühender Verehrer *Hitlers*, ist an mehreren Sprengstoffanschlägen beteiligt (zwei Menschen starben!) und wird zu 13 Jahren Haft verurteilt. Während seiner Inhaftierung ruft Roeders Ehefrau, *Traudel*, das *Hilfswerk Manfred Roeder* ins Leben und sorgt für die fortlaufende Verbreitung seiner Schriften. Roeder verläßt das Gefängnis fünf Jahre früher. Nach Meinung des Bundesgerichtshofs Karlsruhe kann es „verantwortet werden zu erproben, ob der Verurteilte außerhalb des Strafvollzuges keine Straftaten mehr begehen wird".[*] 1975 hatte der ehemalige Volkssturmmann Roeder Aufmerksamkeit erregt, als er den Bundespräsidenten Walter Scheel öffentlich im Namen aller anständigen Deutschen aufforderte, sich einem Zweikampf zu stellen. Roeder ist Herausgeber von DEUTSCHE BÜRGERINITIATIVE e. V. weltweit, DER FACKELTRÄGER und DEUTSCHER JAHRWEISER.

Rohrmoser, Prof. Dr. Günter. Katholisch-rechtskonservativer Hausphilosoph der CDU. An deren Adresse richtet sich seit einigen Jahren Rohrmosers Modernismus- bzw. Liberalismusschelte.[**] Durch seine Beiträge in rechten Periodika – etwa in der nationalchauvinistischen Zeitschrift CRITICÓN – stärkt Rohrmoser zumindest indirekt das rechte Lager. Aber es gibt noch andere Berührungspunkte. Beispielsweise stimmt die von Rohrmoser geforderte Frauenpolitik über weite Strecken mit den Vorstellungen rechter Gruppierungen überein. Den Frauen räumt Rohrmoser gerade noch Spielraum zwischen Küche, Kinder und Kirche ein.[***] Der ständige Mitarbeiter von MUT

---

[*] Vgl. die Süddeutsche Zeitung vom 24. 1. 90, S. 6.
[**] Vgl. Rohrmoser: Das Debakel. Wo bleibt die Wende? Fragen an die CDU, Krefeld 1985, S. 15.
[***] Vgl. ebenda, S. 15 f.

schreibt, wie schon erwähnt, für CRITICÓN, ferner für die
JUNGE FREIHEIT.

Rouhs, Manfred. Student der Rechtswissenschaft, ehem. Vorsitzender der *Jungen Nationaldemokraten* (JN), kandidiert 1987 bei der Landtagswahl in NRW für die NPD. 1989 wird er für die REP in den Kölner Stadtrat gewählt. Rouhs ist Herausgeber der REP-nahen Zeitschrift EUROPA VORN.

Sander, Dr. Hans-Dietrich. Ehem. Redakteur bei der WELT, ehem. Chefredakteur bei den altrechten DEUTSCHEN MONATSHEFTEN. Nach einem Jahrzehnt publizistischer Praxis in konservativen, rechten und rechtsextremen Blättern gründet Sander die STAATSBRIEFE, um sich ein eigenes Diskussionsforum zu schaffen – wie es scheint, mit wenig Erfolg. Den Altbackenen ist er nicht linientreu genug und den Jungen mit seinem Stauffer-Mythos zu verschroben. Sander ist Autor für CRITICÓN, MUT und NATION UND EUROPA sowie mehrfach geladener Referent bei der rechtsextremen *Gesellschaft für freie Publizistik*.

Schickel, Dr. Alfred. Leiter der *Zeitgeschichtlichen Forschungsstelle in Ingolstadt* (ZFI), Mentor der Reihe: „Herbigs Materialien zur Zeitgeschichte". Seit 1987 werden die ZFI-Informationen der Zeitschrift MUT beigelegt. Schickel, der als Redner bei der *Rudolf Heß-Gesellschaft e.V.* auftritt, ist Autor von DEUTSCHLAND IN GESCHICHTE UND GEGENWART, EUROPA VORN, MUT, ZEITENWENDE, JUNGE FREIHEIT, ALTE KAMERADEN.

Schimmelpfeng, Hans W. Ehem. Bürgermeister von Ober-Waroldern (Arolsen), Autor von CODE und Unterzeichner von Aufrufen der UN.UNABHÄNGIGE NACHRICHTEN. Schimmelpfeng ist kürzlich verstorben.

Schlee, Prof. Emil. Ehem. Abgeordneter der CDU im hessischen Landtag und Vertriebenenbeauftragter in Schleswig-Holstein, schloß sich dann zunächst der *Bürgergruppe Patrioten für Deutschland* des Amerikaners *Lyndon H. LaRouche* an. LaRouche, seit 1989 in Amerika inhaftiert, ist der Kopf der rechtsextremistischen EAP und der dubiosen *Schillergesellschaft*. Schlee wechselte schließlich zu den REP und zog für sie 1989 ins Europaparlament. Schlee wurde 2. Bundesvorsitzender der REP und Kuratoriumsmitglied der REP-nahen Stiftung *Carl-Schurz* (siehe zu *Arndt*), hat die Partei aber mittlerweile verlassen. Beiträge Schlees in EUROPA VORN, EUROPA.NATIONAL-EUROPÄISCHES FORUM, DEUTSCHE MONATSHEFTE, DER REPUBLIKANER.

Schönborn, Meinolf. Ehem. NPD-Landesvorstand NRW. Mitbegründer der *Nationalistischen Front* (NF), deren Generalsekretär Schönborn bis 8/92 war. Die früher der NPD nahestehende Zeitschrift KLARTEXT vertrat nach Schönborns Amtsantritt NF-Positionen.

Schönhuber, Franz. Im Nationalsozialismus freiwilliges Mitglied der Waffen-SS, nach dem Kriege in verschiedenen Bereichen der Journalistik tätig: als Redakteur und Kommentator in verschiedenen Zeitungen, beim Bayerischen Rundfunk auch in leitender Funktion. 1983 gründet er (mit anderen) die Partei *Die Republikaner* und wird ihr Vorsitzender, der er – abgesehen von einer kurzen Phase – bis heute ist. Schönhuber ist auch Mitbegründer des ebenfalls 1983 initiierten *Deutschlandsrates* (siehe zu *Arndt*). Sein Buch „Ich war dabei" (nämlich bei der Waffen-SS), hat mittlerweile 11 Auflagen erreicht.

Schrenck-Notzing, Caspar von. Gründer der nationalchauvinistischen Zeitschrift CRITICON, wirft in seinem Buch „Charakterwäsche" den Amerikanern die Umerziehung des deutschen Volkes vor. In den *Republikanern* sieht Schrenck-Notzing eine Kraft, die es versteht, Massen zu mobilisieren. Sein Sohn *Alexander* kandidierte 1986 in Bayern für die REP. Schrenck-Notzing ist Kuratoriumsmitglied des kürzlich in Bielefeld gegründeten *Förderverein konservative Kultur und Bildung e. V.*

Seetzen, Walter. Verlagsleiter der DEUTSCHEN STIMME, ehem. NPD-Generalsekretär, Beitritt zur *Deutschen Liga für Volk und Heimat.*

Stäglich, (Dr.) Wilhelm. Autor des 1979 im Grabert-Verlag erschienenen und wenig später beschlagnahmten Buches „Der Auschwitz-Mythos", 1972 Mitglied des NPD-Vorstandes in Hamburg. Nach einem Disziplinarverfahren folgt die Versetzung des Richters in den vorzeitigen Ruhestand. 1987 entzieht die Universität Göttingen Stäglich seinen Doktortitel wegen Unwürdigkeit. Stäglich ist Autor in DEUTSCHLAND IN GESCHICHTE UND GEGENWART und Unterzeichner von Aufrufen der Zeitung UN.UNABHÄNGIGE NACHRICHTEN.

Steinbuch, Prof. Dr. Karl. Bis 1980 Institutsdirektor an der Universität Karlsruhe, u.a. tätig im rassistischen *Schutzbund für das Deutsche Volk.* Steinbuch schreibt für: CRITICON, MUT und den REPUBLIKANER. Steinbuch ist Kuratoriumsmitglied des kürzlich in Bielefeld gegründeten *Förderverein konservative Kultur und Bildung e.V.*

Strauss, Wolfgang. 1966–1969 Mitglied der NPD, vor und nach seinem NPD-Beitritt nimmt er Funktionärsaufgaben bei der *Unabhängigen Arbeiterpartei* (UAP) wahr. Strauss ist heute Redakteur bei EUROPA VORN und schreibt für CRITICON, NATION UND EUROPA, EUROPA. NATIONAL-EUROPÄISCHES FORUM, für das JUNGE FORUM, für die AFP-INFORMATIONEN und die STAATSBRIEFE. Strauss gehört der Redaktionsgemeinschaft von NATION UND EUROPA an.

Sudholt, Dr. Gert. Herausgeber der altrechten DEUTSCHEN MONATSHEFTE und nach deren Zusammenlegung mit NATION EUROPA bis 1991 Mithg. von NATION UND EUROPA. DEUTSCHE MONATSHEFTE. Sudholt leitet außerdem den Vowinckel-, Druffel- und Türmer-Verlag, war Mitge-

sellschafter der Nation-Europa-Verlags GmbH und des Hohenstaufen-Verlags sowie Vorsitzender der *Gesellschaft für
Freie Publizistik* (GfP). Sudholt war Vorsitzender der Gesellschaft *Freiheit für Rudolf Heß* (deren Nachfolgerin ist die *Rudolf-Heß-Gesellschaft e. V.*). Sudholt schreibt für das FREIE
FORUM. Sudholt, ein Stiefsohn *Helmut Sündermanns* (Presse-
chef der Nationalsozialisten) rückt neuerdings verbal von
rechtsradikalen Bestrebungen und aller NS-Apologetik ab (vgl.
ausführlichen Bericht in: blick nach rechts, Sozialdemokrati-
scher Pressedienst, Nr. 2 vom 20. 1. 1992, S. 1–3).

Thadden, Adolf von. 1947 gründet Thadden die „Deutsche
Rechtspartei", die 1950 mit der „Deutschen Reichs-Partei" fusionierte. 1949 Bundestagsabgeordneter für die *Deutsche Konservative Partei – Deutsche Rechtspartei (DKP-DRP)*, Anfang
der 50er Jahre Stellvertretender Oberbürgermeister von Göttingen, 1964 Mitbegründer der NPD, von 1967–1970 ihr Bundesvorsitzender, verläßt 1975 die NPD. Thadden ist Mithg. von
NATION UND EUROPA. DEUTSCHE MONATSHEFTE
und Autor des Blattes.

Thaler, Thorsten. Bis Herbst 1991 Pressesprecher des Berliner
REP-Landesverbandes, Chefredakteur der BERLINER
NACHRICHTEN. Dann Wechsel zur *Deutschen Liga für
Volk und Heimat*. Thaler schreibt auch für EUROPA VORN.

Uhle-Wettler, Dr. Franz. Ehem. Kommandant des NATO-Defense College in Rom, Militärhistoriker und Publizist, gehört
zu den Mitgliedern des Kuratoriums der REP-Stiftung *Carl-
Schurz* (siehe zu *Arndt*). Uhle-Wettler schreibt für CRITI-
CON.

Vorsatz, Karl-Heinz. Chefredaktuer der DEUTSCHEN
STIMME, Mitglied im Parteipräsidium und im Vorstand der
NPD. Vorsatz wurde wegen böswilliger Hetze gegen Asylbe-
werber zu einer Geldstrafe verurteilt. Er starb im Sept. 1992.

Waldstein, Dr. Thor von. 1979–1982 Bundesvorsitzender des *Nationaldemokratischen Hochschulbundes* (NHB). Das Land Baden-Württemberg verweigert die Übernahme des Referendars in den Staatsdienst (1988). Seit 1989 ist Waldstein bei den Landgerichten Mannheim und Heidelberg als Rechtsanwalt zugelassen. Ebenfalls 1989 wird er Vorsitzender des *Fördervereins Junges Deutschland.* Aus den Erfahrungen der letzten fünfzig Jahre – für Waldstein eine Periode der Umerziehung und des Unrechts – gewinnt er die „Erkenntnis, daß von deutschem Boden nie wieder ein ‚verlorener' Krieg ausgehen darf."[*] Waldstein schreibt für die AFP-Informationen, EUROPA‚NATIONALEUROPÄISCHES FORUM und EUROPA VORN.

Walendy, Udo. 1964 Bundestagskandidat der NPD sowie Mitglied des NPD-Bundesvorstands. Etliche in Walendys *Verlag für Volkstum und Zeitgeschichtsforschung* (Vlotho) herausgegebene Publikationen werden indiziert. So das von ihm selbst verfaßte Buch „Wahrheit für Deutschland – Die Schuldfrage des 2. Weltkrieges". Die Broschüre „Die Auschwitz-Lüge" von *Thies Christophersen* beschlagnahmt das Landgericht Bielefeld. Wie Christophersen, so leugnet Walendy nicht nur die deutsche Schuld am 2. Weltkrieg – der „Hitler-Regierung" attestiert er Ehrenhaftigkeit und Friedensliebe –, sondern auch den Holocaust. Im März 1990 wird der *Leuchter-Report* indiziert (der Amerikaner *Leuchter* behauptet, aus technischen Gründen könne es keine Gasopfer in Auschwitz gegeben haben), den Walendy nun in englischer Sprache anbietet. Seine „Historischen Tatsachen" verschickt er übrigens auch unaufgefordert an Schülerzeitungen. Er schreibt für das FREIE FORUM und die BAUERNSCHAFT.

Weidenbach, Hans. Redakteur der DEUTSCHEN STIMME, NPD-Landesvorsitzender in Bremen.

---

[*] Vgl. Th. v. Waldstein, Der deutsche Geist und das Elend des Kapitalismus, 3/90, S. 13, 17, 18.

Weißmann, Dr. Karlheinz. Ständiger Mitarbeiter von MUT sowie Autor in CRITICON und JUNGES FORUM, tritt 1985 in
den Schuldienst (Niedersachsen) ein. Nach Weißmann ist der
„ausgeprägt zivile Charakter" der Bundesrepublik nicht zuletzt
Ausdruck der „Feminisierung der Gesellschaft". Weißmann li-
stet eine Reihe befürchteter oder gar schon sichtbarer Ergebnisse dieses Prozesses auf – die Wiederbelebung des Hexenkultes
oder die Einsetzung von Frauenbeauftragten etwa – und kommt
dann zu dem Schluß, daß „es an der Zeit (wäre), einen »Antife-
minismus« intellektuell neu zu begründen".[*]

Willms, Prof. Dr. Bernard. Willms wird mit seinem „Handbuch
zur Deutschen Nation" zu einem vielgelobten Mann der *Neuen
Rechten.* Der Ordinarius für Politikwissenschaft (Bochum) re-
feriert bei der rechtsextremen *Gesellschaft für Freie Publizistik*
(GfP) und ist Autor in den Zeitschriften CRITICON, NA-
TION UND EUROPA.DEUTSCHE MONATSHEFTE,
EUROPA VORN und MUT. Als Mitglied des *Deutschlandrates* (siehe zu *Arndt*) tritt Willms für die Beendigung der Auseinandersetzung mit den NS-Verbrechen ein. In Reminiszenz an
Carl Schmitt und einem ausschließlich *rechtshegelianisch* aus-
legten Thomas Hobbes wirbt Willms für einen mit unbegrenz-
ten Machtmitteln ausgestatteten Staat. Willms scheidet Anfang
1991 freiwillig aus dem Leben.

Willms, Prof. Dr. Günter. Bundesrichter a. D., Autor in EU-
ROPA VORN, MUT, DER REPUBLIKANER, DIE BAU-
ERNSCHAFT.

Windisch, Konrad. Ehem. Funktionär des *Bundes Heimattreuer
Jugend* (BHJ), tätig in verschiedenen nationalistischen Jugend-
verbänden. Wegen der Veröffentlichung neonazistischer Pro-
paganda wurde er mehrmals verurteilt und inhaftiert. Als
Schriftleiter der rechtsradikalen KOMMENTARE ZUM
ZEITGESCHEHEN hat er engen Kontakt zu anderen rechten

---

[*] Vgl. CRITICON Nr. 119, S. 133 ff.

Blättern. Windisch schreibt für die AFP-INFORMATIO-
NEN.

Wintzek, Bernhard-Christian. 1969 gründet Wintzek die *Gesamtdeutsche Aktion* (GA), wird 1970 Teilnehmer an der Aktion Widerstand („Brandt an die Wand") und 1972 Bundestagskandidat der NPD Niedersachsen. Bis 1983 einschließlich wird
die Zeitschrift MUT, deren Verleger und Herausgeber Wintzek
ist, im Verfassungsschutzbericht als rechtsextremistisch eingestuft, 1979 war eine Ausgabe indiziert worden.

V. Kommentierte Literaturhinweise

Arbeitsstelle Neonazismus der Fachhochschule Düsseldorf (Hg.), *Rechtsextremismus und Neonazismus,* Kommentierte Auswahlbibliographie, erscheint zweimal jährlich, zuletzt Nr. 10/April 1993, 135 S. (Bezug: Beratung und Weiterbildung in der Friedensarbeit e.V., c/o Ria Proske, Hunsrückstr. 11, 5000 Köln 41). – Mit Kapiteln über rechtsextremistische Parteien und Gruppierungen, über Nationalismus, Rassismus, Antisemitismus und Fremdenfeindlichkeit, Rechtsextremismus bei Jugendlichen, über die Auseinandersetzung mit Nationalsozialismus und Neonazismus.

Assheuer, Thomas/Hans Sarkowicz, *Rechtsradikale in Deutschland.* Die alte und die neue Rechte, C.H. Beck Verlag, 2. Aufl., München 1992. – Rechtsextremistische Parteien und Organisationen, die Entwicklung in der DDR, das Weltbild der „Neuen Rechten", so sind die Kapitel überschrieben. Besonders Abschnitte wie über die Radikalisierung der „Neuen Rechten" bei der Entsorgung der Vergangenheit, über die „Soziobiologie" als eines der ideologischen Fundamente der „Neuen Rechten" und über den großdeutschen Auftrag im befreiten Europa informieren über sonst eher vernachlässigte Aspekte.

Becker, Peter Emil, *Wege ins Dritte Reich.* Teil I: Zur Geschichte der Rassenhygiene. Teil II: Sozialdarwinismus, Rassismus, Antisemitismus und Völkischer Gedanke, Thieme Verlag, Stuttgart 1988 und 1990. – Auf die Darstellung der Rassenhygieniker in Teil I folgen in Teil II die Monographien von neun Repräsentanten des Sozialdarwinismus, des Rassismus, Antisemitismus und des völkischen Gedankens, die für die Entwicklung der Ideologie des Nationalsozialismus wichtig waren. Das umfangreiche Schlußkapitel faßt die Monographien der beiden Bände in einem Überblick zusammen.

Benz, Wolfgang (Hg.), *Dimensionen des Völkermords.* Die Zahl der jüdischen Opfer des Nationalsozialismus, Oldenbourg Verlag, München 1991. – Immer wieder bringen Rechtsextremisten und Neonazis falsche Darstellungen über die Zahl der von den Nazis ermordeten Juden in die Öffentlichkeit. Zehn Jahre haben die beteiligten Historikerinnen an der Aufstellung der neuen Statistik gearbeitet, die in 17 Regionalstudien unterteilt ist. Die Studie liefert nicht nur Zahlen, sondern deckt den ganzen Vorgang auf.

Benz, Wolfgang, (Hg. für das Zentrum für Antisemitismusforschung der TU Berlin), *Jahrbuch für Antisemitismusforschung.* Bd. 1 (1992) und folgende, Campus Verlag, Frankfurt/M./New York 1992. – Das Jahrbuch will Arbeiten aus verschiedenen Wissenschaftsdisziplinen zusammenführen. Zugleich will es als Forum für allgemeine und übergreifende Forschungen zu Vorurteil, Diskriminierung und zu Minderheitenkonflikten dienen.

Benz, Wolfgang (Hg.), *Legenden, Lügen, Vorurteile.* Ein Lexikon zur Zeitgeschichte, Moos & Partner Verlag, München 1990. – „Legenden sind oft attraktiver als die Wirklichkeit, Vorurteile bequemer als die rationale Weltsicht und historische Lügen dienen als Waffen in der politischen Auseinandersetzung, wenn Argumente fehlen", schreibt der Herausgeber im Vorwort. Über 80 Artikel setzen all diejenigen, die in der Schule, am Arbeitsplatz, in der politischen Bildungsarbeit oder in der Öffentlichkeit mit Legenden, Lügen und Vorurteilen konfrontiert werden, in die Lage, kompetent und sachlich zu reagieren. Alliierte Kriegsverbrecherprozesse in Deutschland, Auschwitz-Lüge, Autobahnen, Dresden, Überfall auf den Sender Gleiwitz, Rassenhygiene, Umerziehung, Werwolf sind nur einige der Stichworte; der Text wird durch Literaturhinweise ergänzt.

Benz, Wolfgang (Hg.), *Rechtsextremismus in der Bundesrepublik.* Voraussetzungen, Zusammenhänge, Wirkungen, Fischer Taschenbuch Verlag, Frankfurt/M., aktualisierte/erweiterte Neuausgabe 1989. – Das Buch ist eine Fortschreibung zweier

Bände, die 1980 und 1984 erschienen. Die Historiker und Journalisten behandeln die historischen Dimensionen des Rechtsextremismus, seine alten und neuen Apologeten in der BRD und Europa, die rechte Publizistik sowie jugendliche Aktivisten. Eine Chronologie des Rechtsextremismus von 1946 bis Juni 1989 und ein Verzeichnis ausgewählter neuerer Literatur schließen den Band ab.

Bergmann, Werner/Rainer Erb (Hg.), *Antisemitismus in der politischen Kultur nach 1945*, Westdeutscher Verlag, Opladen 1990. – Der umfangreiche Band geht davon aus, daß die Forschung über Antisemitismus 1. auf die Verbreitung und Vertiefung ihrer empirischen Basis durch historische Detailuntersuchungen sowie durch empirische Sozialforschung angewiesen ist, die über Meinungsumfragen hinausgeht und 2. auf den Anschluß an die theoretische Entwicklung in der Soziologie und Psychologie. Die Kapitel „Kontinuität und Diskontinuität des Antisemitismus", „Ergebnisse der Umfrageforschung zum Antisemitismus in der politischen Kultur", „Zur gesellschaftlichen Rolle der Juden im Nachkriegsdeutschland" entfalten eine Fülle von Ergebnissen der neueren Forschung und werfen zugleich Fragen auf, die deutlich machen, daß sich die Wissenschaft insbesondere mit dem Antisemitismus nach 1945 zu wenig beschäftigt hat. Aber auch darin liegt die Bedeutung des Buches für Erziehung und politische Bildung – „die Blockierung von Lernprozessen in der Auseinandersetzung mit der Vergangenheit reproduziert Strukturen, die ein inhumanes kollektives Handlungspotential hervorbringen" (S. 83).

Bott, Hermann, *Die Volksfeind-Ideologie*. Zur Kritik rechtsradikaler Propaganda (Schriftenreihe der Vierteljahreshefte für Zeitgeschichte Nr. 18), Deutsche Verlags-Anstalt, Stuttgart 1969. – Obwohl schon 1969 erschienen, ist die Arbeit immer noch ein nützliches Lehrwerk über Methoden und Techniken rechtsextremistischer Propaganda.

Brackmann, Karl-Heinz/Renate Birkenhauer, *NS-Deutsch. „Selbstverständliche" Begriffe und Schlagwörter aus der Zeit des Nationalsozialismus,* Straelener Manuskripte Verlag, 1988. – „Abdirigieren", „Abgang", „Absiedlung", „abspritzen", „abziehen" – fünf Beispiele aus der nationalsozialistischen Alltagssprache, die verharmlosende Umschreibungen für den Vorgang des Tötens bzw. der Anordnung zur Tötung von Juden und anderen KZ-Häftlingen sind. Die Bedeutung solcher „Sonderbehandlungen", mit denen die Verfolgung und Ermordung von Millionen geplant und organisiert wurde, mußte der Beamtenschaft, aber auch weiten Teilen der Bevölkerung nicht erklärt werden. Wer heute Dokumente aus der NS-Zeit liest, hat dagegen Mühe, die sprachlichen Verhüllungen zu erkennen. Wer weiß schon, daß die „Schaukel" ein Folterinstrument in Auschwitz, der „Schlauch" der Weg zur Gaskammer war? Anstoß zu dieser Arbeit gaben Übersetzer, denen die üblichen Lexika nicht weiterhalfen: „Wo konnte man z. B. nachschlagen, wer mit dem ‚kleinen Rädelsführer' gemeint war?" Das Wörterbuch „NS-Deutsch" füllt diese und andere Lücken.

Briegleb, Klaus, *Unmittelbar zur Epoche des NS-Faschismus – Arbeiten zur politischen Philologie 1978–1988,* Suhrkamp Taschenbuch Verlag, Frankfurt/M. 1989. – Die zentrale These des Buches: Durch die Verdrängungspraxis der Nachkriegszeit wurde es versäumt, mit dem Diskurs der NS-Zeit radikal zu brechen. Mehr noch: die Weigerung zu reden, hinzuschauen, sich den Untaten zu stellen, sie zu ertragen, Worte der Entschuldigung zu finden, ist auch die Basis für die unreflektierte, sprachliche wie faktenschaffende Kontinuität. Ein beklemmendes Bild von Wiederholungen und Verstrickungen gewinnt Konturen und führt den Leser „unmittelbar" zum „NS-Faschismus". Die Aufdeckung des Zusammenhangs von Sprache und deren Folgen entlarven Sprecher bzw. Wortarbeiter als maßgebliche Akteure: das Verworten ist eine die Wirklichkeit gestaltende Handlung. An vielen Beispielen wird die Verknüpfung von Sprache und Gewaltpolitik und das Überdauern von NS-Segmenten in gegenwärtigen Diskursvarianten belegt.

Dudek, Peter/Jaschke, Hans Gerd, *Entstehung und Entwicklung des Rechtsextremismus in der Bundesrepublik*. Zur Tradition einer besonderen politischen Kultur. 2 Bände, Westdeutscher Verlag, Opladen 1984. – Die umfangreiche Studie behandelt die Konturen des rechtsextremen Lagers nach 1945 sowie die Entwicklung rechtsextremer Jugendgruppen und Parteien. Eine Fülle von Dokumenten aus den vorgestellten Organisationen wird durch Einführungen aufgeschlossen.

Ehlich, Konrad (Hg.), *Sprache im Faschismus*, Suhrkamp Taschenbuch Verlag, Frankfurt/M. 1989. – Der Band enthält Analysen über Rolle und Bedeutung der Sprache im Nationalsozialismus. Gefragt wird vor allem nach den Mechanismen, mit denen die ideologisch geprägte Rhetorik in den alltäglichen Sprachgebrauch transportiert wurde. Einen zweiten thematischen Schwerpunkt bilden die Beziehungen zwischen „nationalem", „konservativem" und „faschistischem" Diskurs sowie die Analyse der gegenwärtigen politischen Debatte, die Teile des faschistischen Diskurses adaptiert. Die Studie informiert sowohl über Bedingungen, unter denen der Nationalsozialismus *funktionieren* konnte als auch über aktuelle Gefahren.

Europäisches Parlament, *Untersuchungsausschuß „Rassismus und Ausländerfeindlichkeit"*. Bericht über die Untersuchungsergebnisse des Ausschusses, Juli 1990 (176 S.), Berichterstatter: Glyn Ford. – Dieser zweite Bericht des Europäischen Parlaments enthält Analysen der Situation in den einzelnen Ländern, Aktionen der Gemeinschaft seit 1986, eine Beschreibung der allgemeinen Entwicklungen in Politik und zwischenstaatlichen Strukturen, des Rassismus und seiner Bekämpfung im kulturellen Bereich und schließt mit detaillierten Schlußfolgerungen und Empfehlungen, die sich u. a. auf die Erfahrungen der eingeladenen Berichterstatter stützen.

Geier, Jens/Klaus Ness/Muzaffer Perik (Hg.), *Vielfalt in der Einheit. Auf dem Weg in die multikulturelle Gesellschaft*, Schüren Verlag, Marburg 1991. – Die Herausgeber, Mitglieder bei den JUSOS, haben hier 13 Beiträge zu einzelnen Aspekten der multikulturellen Gesellschaft zusammengestellt; so ein Interview mit Daniel Cohn-Bendit vom Amt für Multikulturelle Angelegenheiten der Stadt Frankfurt/Main, einen Beitrag von Marie-Eleonora Karsten: „Sozialpädagogische Aufgabengebiete in einer multikulturellen Gesellschaft" und von Ingrid Haller: „Interkulturelles Lernen – Herausforderung für gesellschaftliches Überleben".

Greß, Franz/Hans-Gerd Jaschke/Klaus Schönekäs, *Neue Rechte und Rechtsextremismus in Europa.* Bundesrepublik, Frankreich, Großbritannien, Westdeutscher Verlag, Opladen 1990. Die Übersichtsartikel verstehen sich als Grundlage für eine notwendige „Komparative Erforschung des Nachlebens des Faschismus" (S. 7) und für eine vergleichende Analyse des Rechtsextremismus.

Gruber, Helmut, *Antisemitismus im Mediendiskurs.* Die Affäre „Waldheim" in der Tagespresse, Deutscher Universitäts Verlag/ Gabler-Vieweg-Westdeutscher Verlag, Wiesbaden 1991. – Der Verfasser untersucht anhand der Presseartikel zur Affäre Waldheim 1986, wie sich antisemitische Vorurteile in Zeitungstexten widerspiegeln. Die theoretischen Vorüberlegungen und die Strukturanalysen der Textsorten sind auch über das spezielle Thema hinaus von Interesse.

Heitmeyer, Wilhelm/Heike Buhse/Joachim Liebe-Freund/ Kurt Möller/Joachim Müller/Helmut Ritz/Gertrud Siller/Johannes Voss, *Die Bielefelder Rechtsextremismus-Studie.* Erste Langzeituntersuchung zur politischen Sozialisation männlicher Jugendlicher. Juventa Verlag, Weinheim 1992. – Die MitarbeiterInnen begleiten eine Gruppe Jugendlicher von 1985 bis 1990. Ausführliche Interviews und die genaue Schilderung von Einzelverläufen liefern Informationen über die Entwicklung rechtsextremistischer Einstellungen, die Bedingungen ihrer Entstehung und etwaiger Veränderungen.

Hirsch, Kurt, *Rechts von der Union.* Personen, Organisationen, Parteien seit 1945. Ein Lexikon, Knesebeck & Schuler, München 1989. – Der Band gibt Auskunft über rechtsextremistische Gruppierungen aller Art, über ausländerfeindliche Vereinigungen, militärische Traditionsverbände, neonazistische Organisationen; er enthält eine Chronologie rechtsextremistischer Gruppen seit 1945 und ein Personenverzeichnis.

ID-Archiv im ISSG (Hg.), *Drahtzieher im braunen Netz. Der Wiederaufbau der NSDAP,* Amsterdam 1992. – Das Material zu diesem Buch geht zum Teil auf Recherchen für den Fernsehfilm „Wahrheit macht frei" zurück, der in fast allen europäischen Ländern lief. In Deutschland weigerten sich die Sendeanstalten zunächst, den Film zu zeigen. Das Autorenkollektiv gibt Einblick in das Netzwerk der Gesinnungsgemeinschaft der Neuen Front, einer Gruppierung um den verstorbenen Neonazi Michael Kühnen. Es legt die personelle Verquickung zwischen der Kühnen-Gruppe und Neonazi-Organisationen benachbarter Länder offen, informiert über die Arbeitsweise und das Ziel der Neonazis: den Wiederaufbau der NSDAP – und die Bedeutung, die der NSDAP/AO (AO steht für „Auslandsorganisation") zukommt. Im Zentrum der Untersuchung stehen dabei die Aktivitäten militanter Neonazis auf dem Gebiet der ehemaligen DDR.

Jäger, Siegfried (Hg.), *Rechtsdruck. Die Presse der Neuen Rechten,* Dietz Verlag, Berlin/Bonn 1988. – Aus der Masse der regelmäßig erscheinenden Zeitschriften und Zeitungen wählen die Autoren sechs Periodika aus. Am Beispiel der Zeitschrift „Elemente", „Neue Zeit", „Nation Europa", „MUT", „Klartext" und „Der Republikaner" analysieren sie, wie, von wem und mit welchen propagandistischen Mitteln die Ideologie der sogenannten *Neuen Rechten* verbreitet wird.

Jäger, Uli/Annette Seeboth, *Eine (r)echte Provokation.* Der Rechtsextremismus und sein Umfeld. Materialien zu Rechtsextremismus und Fremdenfeindlichkeit. Bd. 1, hg. vom Verein für

Friedenspädagogik Tübingen, 2. aktualisierte, ergänzte Auflage, Tübingen 1991. Bezug: Verein für Friedenspädagogik Tübingen e. V., Bachgasse 22, 7400 Tübingen. Der Band erscheint gleichzeitig beim DGB-Landesbezirk Nordrhein-Westfalen, Abt. Jugend. – Der Band ist mit Kapiteln über Meinungen zum Rechtsextremismus, Merkmale und Potentiale, den organisierten Rechtsextremismus, die Ideologie der Neuen Rechten, über den Umgang mit der Vergangenheit, über Jugendliche im Umfeld des Rechtsextremismus, mit Literaturangaben, Graphiken und Hinweisen für die Praxis ein wichtiges Arbeitsbuch für Schule, Jugend- und Erwachsenenbildung.

Jaschke, Hans-Gerd, *Die Republikaner.* Profile einer Rechtsaußen-Partei, Reihe praktische Demokratie der Friedrich-Ebert-Stiftung, Verlag J. H. W. Dietz Nachf., Bonn 1993². – In dem Kapitel „Historisch-politische Hintergründe, Zugänge" nennt der Autor Traditionen, Vorläufer, Vorbilder, Voraussetzungen und Bedingungen für die Entwicklung des Rechtsextremismus; auf eine Darstellung der Geschichte der Republikaner seit 1983, ihres Programms, ihrer WählerInnen folgen kurze Abschnitte über die Republikaner als mögliche Vorboten eines neuen rechten Fundamentalismus und über die Frage, wie sich die Gesellschaft zu den neuen Parteien verhält.

Jaschke, Hans-Gerd, *Streitbare Demokratie und innere Sicherheit. Grundlagen, Praxis und Kritik,* Westdeutscher Verlag, Opladen 1991. – Der Autor untersucht das Konzept und Instrumentarium der streitbaren Demokratie am Beispiel des „deutschen Herbstes" und des Historikerstreits.

Lehrke, Gisela, *Gedenkstätten für Opfer des Nationalsozialismus: Historisch-politische Bildung an Orten des Widerstandes und der Verfolgung.* Mit einem Nachwort von Jutta Lange-Quassowski, Campus Verlag, Frankfurt/M. 1988.

Leiprecht, Rudolf, *... da baut sich ja in uns ein Haß auf ...".* Zur subjektiven Funktionalität von Rassismus und Ethnozentrismus bei abhängig beschäftigten Jugendlichen – eine empirische Untersuchung, Argument Verlag Hamburg/Berlin 1990 (Edition Philosophie und Sozialwissenschaften 19). – Zwar befaßt sich die umfangreiche Untersuchung mit abhängig beschäftigten Jugendlichen, die sehr direkt und unverstellt argumentieren, jedoch arbeitet der Autor auch allgemeine Mechanismen, Funktionen und Wirkungsweisen von Ausgrenzung, Rassismus, Ethnozentrismus heraus, die in der Lebenspraxis der LeserInnen auftreten können. Das Forschungsprojekt kommt zu Ergebnissen, die die Korrektur bestehender Theorien der Jugendforschung zur politischen Orientierung nahelegen. So neigen nach Leiprecht gerade Jugendliche, deren Perspektive unklar ist, die Schwierigkeiten in ihrem beruflichen Weg haben, nicht eher zu rechten Einstellungen als Jugendliche, deren Ausbildung und Perspektiven gesichert, deren soziales Milieu stabil erscheint. Leiprecht setzt sich u.a. aufgrund dieser Ergebnisse mit den Thesen W. Heitmeyers und K. Möllers auseinander, u.a. mit deren positiver Bewertung von Tradition, Nachbarschaft und Kleinfamilie als angemessene Mittel, um der Auffälligkeit Jugendlicher gegenüber Angeboten rechtsextremistischer Orientierung entgegenzuwirken.

Löwenthal, Leo, *Falsche Propheten. Studien zum Autoritarismus*, Suhrkamp Taschenbuch Wissenschaft Nr. 903, Frankfurt 1990. – Im ersten Teil seiner Studien zur politischen Psychologie benennt und klassifiziert Löwenthal Agitationsthemen. Da sind einmal die „Feinde" Amerikas, nämlich „Ausländer", „Flüchtlinge", „Kommunisten", „Juden" und „Verräter". Da ist ferner die „jüdische Weltverschwörung", die Warnung vor „Rassenmischung", „Liberalismus", „Dekadenz" und anderes mehr: Diese klassischen Themen der Rechten findet Löwenthal in Reden selbsternannter amerikanischer „Tribune". Eine zweite Studie untersucht das Verhältnis zwischen Individuum und faschistischem Terror sowie den Antisemitismus unter amerikanischen Arbeitern. Die letzte Analyse konzentriert sich auf den Zusammenhang von Kultur und Autorität bzw. auf die Bedeutung kultureller Gebilde – Familie etwa – und deren Beziehung zur Autorität. Mit diesem Band wird erstmals eine vollständige Übersetzung des englischen Originals vorgelegt.

Marten, Heinz-Georg, *Sozialbiologismus*. Biologische Grundpositionen der politischen Ideengeschichte, Campus Verlag, Frankfurt/M. 1983. – Die Habilitationsschrift des Autors erläutert die Herkunft und Tradition sozialbiologischen Denkens – auch in Deutschland –, den Weg vom Sozialdarwinismus zum Rassismus und die gesellschaftspolitische Aktualität des Sozialbiologismus, aus dem auch die Neue Rechte Anregungen gewinnt.

Muttersprache. Zeitschrift zur Pflege und Erforschung der deutschen Sprache, Jg. 93, Heft 1–2/1983, Themenschwerpunkt: „Zur Sprache der Nazis und Neonazis". – In diesem Heft ist besonders der Aufsatz von Rolf Bachem: „Rechtsradikale Sprechmuster der 80er Jahre" wichtig.

Oberndörfer, Dieter, *Die offene Republik. Zur Zukunft Deutschlands und Europas*, Herder Verlag, Freiburg/Basel/Wien 1991. – Die Selbsterschaffung der Nation durch die Ausgrenzung von Minderheiten, Völkische Orientierungen im Grundgesetz, Völkische Tendenzen in Deutschland, Die Ausgrenzung von „Gastarbeitern" und Asylanten, Deutschlands drohende Alterssklerose, Demographische und wirtschaftliche Zwänge, Die Menschenrechte – Eigentum der ganzen Menschheit, so lauten einige Beiträge in diesem Buch; es kommt dem Verfasser, wie er im Vorwort sagt, besonders auf die Unterscheidung zwischen Republik und Nationalstaat an.

Pehle, Walther H. (Hg.), *Der historische Ort des Nationalsozialismus*. Annäherungen. Mit Beiträgen von Heinrich August Winkler, Paul Hilberg, Dan Diner, Lutz Niethammer, Dirk Blasius, Wolfgang Schieder, Saul Friedländer, Hans Mommsen, Fischer Taschenbuch Verlag, Frankfurt/M. 1990. – Die acht renommierten Historiker aus dem In- und Ausland greifen mit ihren Beiträgen die nach dem „Historikerstreit" unterbrochene

Debatte über den „historischen Ort" des Nationalsozialismus mit seinem Kernereignis Auschwitz und die „Einzigartigkeit" bzw. „Vergleichbarkeit" der Massenverbrechen der Nationalsozialisten wieder auf. Mit den ursprünglich für die Frankfurter Historik-Vorlesungen konzipierten, hier überarbeiteten und ergänzten Texten soll nun einem breiten Publikum der gegenwärtige Forschungs- und Diskussionsstand zugänglich gemacht werden.

Rajewsky, Christiane/Adelheid Schmitz, *Wegzeichen.* Initiativen gegen Rechtsextremismus und Ausländerfeindlichkeit, hg. vom Verein für Friedenspädagogik Tübingen e.V. (Bachgasse 22, 7400 Tübingen), Tübingen 1992. – Auf eine Einführung „Rechtsextremismus und Ausländerfeindlichkeit in der Bundesrepublik Deutschland heute – Ansätze zu Gegenmaßnahmen" folgt die Beschreibung und Analyse ausgewählter, weithin unbekannter Projekte und Modelle, in denen sich meist junge Menschen gegen den Rechtsextremismus engagieren. Diese Initiativen aus Schule, Jugendarbeit, Jugend- und Berufsbildung, Internationalen Jugendbegegnungen, kommunaler Politik, Selbsthilfegruppen, Gemeinwesenarbeit und aus dem Ausland können Anstöße für ähnliche Vorhaben geben.

Schwarz, Gudrun, *Die nationalsozialistischen Lager,* Campus Verlag, Frankfurt/M./New York 1990. – Der Versuch, alle verfügbaren Daten über die nationalsozialistischen Lager zusammenzustellen, ergibt: 10005 Lager – Euthanasie-Anstalten, Ghettolager in Polen, Ost-Galizien, Litauen, Lettland und anderswo, Straf- und Kriegsgefangenenlager, Lager für ausländische Zivilarbeiterinnen, Aus- und Übersiedlungs-, Germanisierungslager – sind bekannt. Viele Orte, z.B. die Plätze in den besetzten und annektierten Gebieten der ehemaligen UdSSR, an denen Menschen in Massen ermordet und verscharrt oder verbrannt wurden, sind nicht bekannt. Mehr als die Hälfte der bekannten Lager befindet sich in Polen. Warum diese Arbeit? Mit jedem Lager wird ein Ort dem Vergessen entrissen. Die Lager waren, hier folgt die Autorin der These Hannah Arendts,

„so unwahrscheinlich es klingen mag, die eigentlich zentrale Institution des totalen Macht- und Organisationsapparats".

Siegler, Bernd, *Auferstanden aus Ruinen*. Rechtsextremismus in der DDR, Edition Tiamat, Berlin 1991. – Der Autor konzentriert sich vor allem auf die Entwicklung der militanten rechtsextremistischen Szene in den neuen Bundesländern, führt zahlreiche Beispiele für Übergriffe und Überfälle von Mitgliedern und Sympathisanten aus dieser Szene vor allem auf AusländerInnen schon kurz nach Öffnung der Grenze auf. Er nennt die Namen der führenden Aktivisten in den organisierten Gruppen und Parteien und legt ihre Kontakte untereinander offen. Darüber hinaus versucht er nachzuzeichnen, daß hinter der antifaschistischen Staatsdoktrin und der offiziellen Leugnung rechtsextremistischer Aktivitäten in der Ex-DDR Mentalität und Kontinuitätslinien aus dem Nationalsozialismus konserviert wurden. In einem abschließenden Kapitel bezieht Siegler Stellung zu den unterschiedlichen Erklärungsansätzen. Er kritisiert besonders die sogenannte Defizittheorie (als Vertreter nennt er u. a. Heitmeyer und Leggewie), die vor allem Arbeitslosigkeit, Orientierungsverluste und Zukunftsängste als Ursachen für Rechtsextremismus aufführt. In einem kurzen Überblick gibt er die gegenwärtige kontroverse Diskussion über die Ursachen und Hintergründe des wachsenden Rechtsextremismus und Rassismus wieder.

Stöss, Richard, *Die extreme Rechte in der Bundesrepublik*, Entwicklung, Ursachen, Gegenmaßnahmen, Westdeutscher Verlag, Opladen 1989. – Eine differenzierte Studie zu Begriff, Zielen und Politik des Rechtsextremismus als Bestandteil der politischen Kultur der Bundesrepublik, zur Entwicklung des organisierten Rechtsextremismus, zur neueren Entwicklung bei Neonazis und Republikanern sowie zu Ursachen und Gegenmaßnahmen.

Stöss, Richard, *Die „Republikaner"*. Woher sie kommen, was sie wollen, wer sie wählt, was zu tun ist. Mit einem Vorwort von Ernst Breit, Bund Verlag, 2. erw. Aufl. Köln 1990. – Der Band enthält außer den im Titel genannten Kapiteln in einem Anhang die Positionen der Gewerkschaften zum Rechtsextremismus und ein Literaturverzeichnis.

Strauss, Herbert A., Werner Bergmann, Christhard Hoffmann (Hg.), *Der Antisemitismus der Gegenwart,* Campus Verlag, Frankfurt/M./New York 1990. – Mit den Kapiteln „Religion und Theologie", „Politische Ideologie", „Probleme in einzelnen Ländern", über den Antisemitismus in der Bundesrepublik Deutschland, in Frankreich, Polen, der damaligen Sowjetunion, den USA und in Ägypten.

Verfassungsschutzberichte des Bundes und der Länder. Der 1991 vom Bundesminister des Innern herausgegebene Verfassungsschutzbericht widmet „Rechtsextremistischen Bestrebungen" 45 Seiten, während der Überblick über die „Linksextremistischen Bestrebungen" 63 Seiten beträgt.

Abkürzungsverzeichnis
der genannten Organisationen, Aktionen und Zeitschriften

AFP	Arbeitsgemeinschaft für demokratische Politik
AKON	Aktion Oder-Neiße
ANS/NA	Aktionsfront Nationaler Sozialisten/Nationale Aktivisten
ARF	Aktion deutsches Radio und Fernsehen
ASD	Aktion sauberes Deutschland
AUD	Arbeitskreis unabhängiger Deutscher e.V.
BBI..........	Bürger- und Bauerninitiative e.V.
BdV	Bund der Vertriebenen
BfG	Bund für Gotteserkenntnis
BHJ	Bund heimattreuer Jugend
CDU	Christlich Demokratische Union
CSU	Christlich-Soziale Union
DA	Deutsche Allianz
DA	Deutsche Alternative
DA	Deutscher Anzeiger
DBI	Deutsche Bürgerinitiative e.V.
DDF.........	Die Deutsche Freiheitsbewegung e.V.
DFF	Das Freie Forum
DESG........	Deutsch-Europäische Studiengesellschaft
DGG	Deutschland in Geschichte und Gegenwart
DJ...........	Deutscher Jahrweiser
DKEG	Deutsches Kulturwerk Europäischen Geistes
DKP-DRP	Deutsche Konservative Partei – Deutsche Rechtspartei
DL	Deutsche Liga für Volk und Heimat
DNZ	Deutsche Nationalzeitung
DP	Deutsche Partei
DRP	Deutsche Rechtspartei
DRP	Deutsche Reichspartei
DRSK........	Deutsche Rechtsschutzkasse
DS	Deutsche Stimme
DVU	Deutsche Volksunion e.V. (und Deutsche Volksunion-Liste D)
DWZ	Deutsche Wochenzeitung
EAP	Europäische Arbeiterpartei
EV	Europa vorn

FAP .... Freiheitliche Deutsche Arbeiterpartei
GA .... Gesamtdeutsche Aktion
GAD .... Grüne Aktion Deutschland
GdNF........ Gesinnungsgemeinschaft der Neuen Front
GfbAEV ...... Gesellschaft für biologische Anthropologie, Eugenik und Verhaltensforschung
GfP .... Gesellschaft für freie Publizistik
HIAG........ Hilfsgemeinschaft auf Gegenseitigkeit der Soldaten der ehemaligen Waffen-SS
HJ........... Hitlerjugend
HNG .... Hilfsorganisation für nationale politische Gefangene und deren Angehörige e. V.
HSA .... Hilfskomitee Südliches Afrika
I.F.A......... Initiative für Ausländerbegrenzung
IHV .... Internationales Hilfskomitee für nationale politische Verfolgte und deren Angehörige e. V.
JF .... Junge Freiheit
JN........... Junge Nationaldemokraten
JU........... Junge Union
KAH .... Komitee zur Vorbereitung der Feierlichkeiten zum 100. Geburtstag Adolf Hitlers
N.S. .... Nationale Sammlung
NA .... Nationale Alternative
NA .... Neue Anthropologie
NEJ .... Nationaleuropäisches Jugendwerk
NF .... Nationalistische Front
NHB .... Nationaldemokratischer Hochschulbund
NO.......... Nationale Offensive
NPD......... Nationaldemokratische Partei Deutschlands
NSDAP ...... Nationalsozialistische Deutsche Arbeiterpartei
NSDAP-AO... Nationalsozialistische Deutsche Arbeiterpartei – Auslands- und Aufbauorganisation
ÖDP......... Ökologisch-Demokratische Partei
QS .... Querschläger
REP .... Die Republikaner
SA .... Sturmabteilung
SDS .... Sozialistischer Deutscher Studentenbund
SPD .... Sozialdemokratische Partei Deutschlands
SS .... Schutzstaffel
UAP .... Unabhängige Arbeiterpartei
UN.......... Unabhängige Nachrichten
WJ .... Wiking-Jugend e. V.
WK.......... Wikinger
WSL .... Weltbund zum Schutze des Lebens
ZFI .... Zeitgeschichtliche Forschungsstelle Ingolstadt

Personenregister

Buchanzeigen

Druck von rechts

Claus Leggewie
Druck von rechts
Wohin treibt die Bundesrepublik?
1993. Etwa 100 Seiten. Paperback
Beck'sche Reihe Band 1017

Thomas Assheuer/Hans Sarkowicz
Rechtsradikale in Deutschland
Die alte und die neue Rechte
2., aktualisierte Auflage. 1992. 258 Seiten. Paperback
Beck'sche Reihe Band 428

Klaus Farin/Eberhard Seidel-Pielen
Skinheads
1993. Etwa 200 Seiten mit etwa 25 Abbildungen. Paperback
Beck'sche Reihe Band 1003

Fritz Fischer
Hitler war kein Betriebsunfall
3. Auflage. 1992. 272 Seiten. Paperback
Beck'sche Reihe Band 459

Beate Winkler (Hrsg.)
Zukunftsangst Einwanderung
2. Auflage. 1992. 117 Seiten. Paperback
Beck'sche Reihe Band 471

Wolfgang Benz (Hrsg.)
Integration ist machbar
Ausländer in Deutschland
1993. Etwa 200 Seiten. Paperback
Beck'sche Reihe Band 1016

Verlag C.H. Beck München

Wir Eichmannsöhne

Wolfgang Beck (Hrsg.)
Die Juden in der europäischen Geschichte
1992. 153 Seiten. Paperback
Beck'sche Reihe Band 496

Alfred Heller
Dr. Seligmanns Auswanderung
Der schwierige Weg nach Israel
Herausgegeben von Wolfgang Benz.
1990. 354 Seiten mit 2 Abbildungen. Paperback
Beck'sche Reihe Band 414

Else R. Behrend-Rosenfeld
Ich stand nicht allein
Leben einer Jüdin in Deutschland 1933-1944
1988. 270 Seiten. Paperback
Beck'sche Reihe Band 351

Günther Anders
Besuch im Hades
Auschwitz und Breslau 1966. Nach „Holocaust" 1979
2. Auflage. 1985. 218 Seiten. Paperback
Beck'sche Reihe Band 202

Günther Anders
Wir Eichmannsöhne
Offener Brief an Klaus Eichmann
2., durch einen weiteren Brief ergänzte Auflage.
1988. 100 Seiten. Paperback
Beck'sche Reihe Band 366

Christian Meier
Vierzig Jahre nach Auschwitz
Deutsche Geschichtserinnerung heute
2., erweiterte Auflage. 1990. 150 Seiten. Paperback
Beck'sche Reihe Band 373

Verlag C.H.Beck München